iss fit

Das Kochbuch

Impressum

Printed in Germany

Gestaltung
Maryvonne Lazaridis
info@iss.fit.com

Druck und Vertrieb
Druck & Verlagshaus Mainz
Süsterfeldstraße 83
52072 Aachen
www.verlag-mainz.de

ISBN-10: 3-86317-069-1
ISBN-13: 978-3-86317-069-1

für

Emmy und Phil.

Zwei großartige Menschen,
die mein Leben
so viel schöner machen.

Disclaimer

VORWORT

Die Idee, ein Kochbuch zu verfassen, reifte schon lange in mir heran. Ich erinnere mich gut daran, wie ich mich an meine ersten Kochversuche herangetraut habe. Wie ich während des Kochens immer wieder nervös ins Kochbuch geblickt habe, um den nächsten Schritt nachzulesen und sicher zu gehen, dass ich auch alles richtig mache. Es gibt nach wie vor Gerichte, bei denen es mir immer noch so geht, aber ich bin mit der Zeit experimentierfreudiger geworden. Ich weiche auch mal gerne von Rezepten ab, tausche Zutaten aus und lasse mich gerne von verschiedensten Dingen inspirieren. Das ist nicht immer von Erfolg gekrönt, hat mir aber bereits einige leckere Kreationen beschert, die es auf meine Liste der Lieblingsessen geschafft haben.

Doch dieses Buch soll weder meine liebsten Gerichte zeigen, noch soll es die kulinarische Welt mit feinen Neukreationen aufwirbeln. Es soll lediglich einfache, nahrhafte und gleichzeitig gesunde Gerichte zeigen, die sich in jeden Alltag integrieren lassen und zum Austoben und Neuentdecken anregen.
Mit Hilfe der angegebenen Nährwerte für jedes Gericht und der Nährwertetabelle für ausgewählte Lebensmittel, soll ein Gefühl für die jeweils enthaltenen Nährstoffe und Kalorien vermittelt werden. Wenn auf diesem Weg eine Selbstverständlichkeit für eine gesunde Ernährung entsteht, ist es nicht mehr notwendig, über Diäten auch nur nachzudenken.

Alle hier aufgezeigten Rezepte wurden von mir während meiner Arbeit als Ernährungsberaterin für meine KundInnen kreiert und zusammengetragen und haben sich in der Praxis bewährt. Hierbei lag mein Fokus stets darauf, die ausgewogene Zusammensetzung aller Nährstoffe, die gesundheitlichen Aspekte und den Genuss in Einklang zu bringen.

Die Nährwerte der jeweiligen Rezepte sind immer pro Portion angegeben. Die Nährwerte der einzelnen Lebensmittel gelten pro 100 Gramm.
Alle Nährwertangaben sind bestmöglich ermittelt. Die tatsächlichen Nährwerte können, je nach Zubereitung und Mengen, geringfügig abweichen.

Viel Spaß beim Entdecken, Nachkochen und Experimentieren,

Maryvonne

Inhalt

Rezepte

Frühstück

MIT GEMÜSE

MIT FLEISCH

MIT FISCH

SÜSSES

EINLEITUNG

Die Bedeutung einer gesunden Ernährung ist in der heutigen Zeit wichtiger denn je.
Unsere Essgewohnheiten spielen eine entscheidende Rolle für unsere körperliche Gesundheit, unser Wohlbefinden und unsere Lebensqualität. Eine ausgewogene Ernährung ist der Schlüssel, um Krankheiten vorzubeugen, Energie zu gewinnen und die notwendigen Nährstoffe für Körper und Geist zu liefern.
Doch wie sieht sie aus, die ausgewogene Ernährung?

Das ist wohl eine Frage, zu der es viele Kontroverse gibt. Tag täglich werden uns Diäten, neu gehypte Superfoods und Ernährungstrends vorgestellt, die Gesundheit und Gewichtsverlust in kürzester Zeit und ohne jeglichen Verzicht versprechen.
Dabei geht es bei einer bewussten Ernährung weniger darum, eine bestimmte Diät oder Ernährungsform einzuhalten. Es geht auch nicht darum, keine Süßigkeiten zu essen und auf grundsätzlich alle vermeintlich ungesunden Dinge zu verzichten.

Es ist die Balance, die entscheidend ist.

Unser Körper ist darauf angewiesen, mit ausreichend Nährstoffen versorgt zu werden. Das bedeutet, dass wir jeden Tag ausreichend Proteine, gute Fette, Vitamine und Spurenelemente zu uns nehmen müssen. Wenn das zur Selbstverständlichkeit wird, ist es gar nicht mehr nötig, über eine Diät nachzudenken. Wenn dem Körper das geboten wird, was er braucht, kann er auch vermeintlich ungesunde Lebensmittel im richtigen Verhältnis verkraften.

Um dieses Muster zu vereinfachen, kann man sich die so genannte „80-20-Regel“ zu Nutzen machen. Sie ist auch als „Pareto-Prinzip“ bekannt und hat ihren Ursprung in der Wirtschaft und im Qualitätsmanagement.
Im Zusammenhang mit der Ernährung besagt die 80-20-Regel, dass wenn unsere Ernährung zu 80% aus ausschließlich gesunden, nährstoffreichen Lebensmitteln besteht, können die restlichen 20 % aus vermeintlich ungesunden Lebensmitteln zusammen gesetzt werden.
Diese 20 Prozent können dann ganz ohne Reue genossen werden und das, wenn gewollt, jeden Tag.

Viele Menschen leiden unter Nährstoffmängel oder haben gesundheitlich bedingt einen speziellen Bedarf an bestimmten Nährstoffen. Wie dieser Bedarf aussieht, sollte unbedingt mit den jeweiligen MedizinerInnen oder ErnährungsberaterInnen abgeklärt werden.

Im Allgemeinen gibt es jedoch Empfehlungen, wie viele Nährstoffe jeder Mensch zu sich nehmen sollte, um ausreichend versorgt zu sein.
Um dieses grob im Alltag abschätzen zu können, gibt es zwei Methoden, die diese Einschätzung erleichtern.

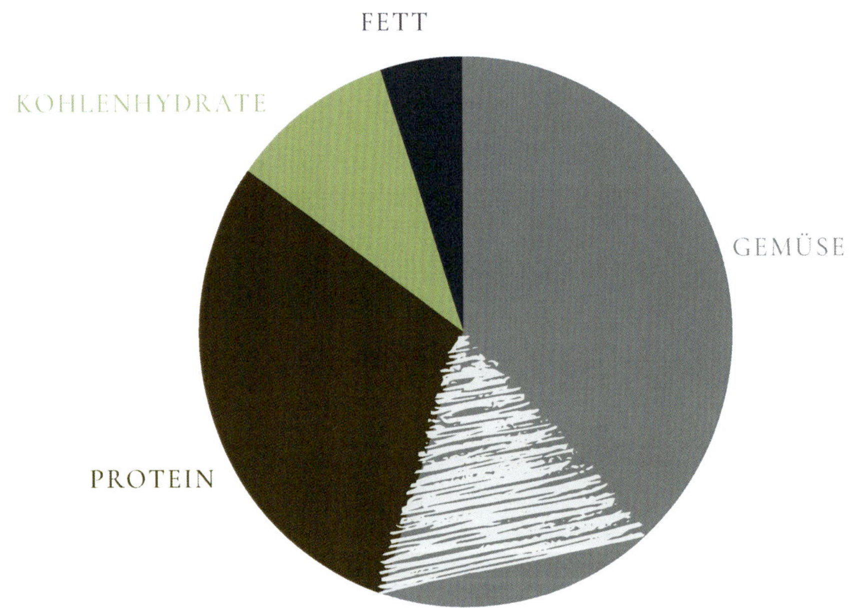

Die erste Methode kann mit einem Diagramm verdeutlicht werden:
Das Diagramm steht symbolisch für jeden Teller der für eine Mahlzeit gefüllt wird.
Jeder Teller sollte zur Hälfte mit Obst oder Gemüse gefüllt sein. Hinzu kommt etwa ein Viertel an Protein, ein kleiner Teil gesunde Fette und der Rest sollte mit Kohlenhydraten aufgefüllt werden. Im Bereich der Proteine und des Gemüses bzw. Obst, kann etwas Spielraum gelassen werden.

Für die zweite Methode kann die Handinnenfläche als Hilfestellung genutzt werden, um eine grobe Richtlinie des Verhältnisses der jeweiligen Portionsgrößen herauszufinden.

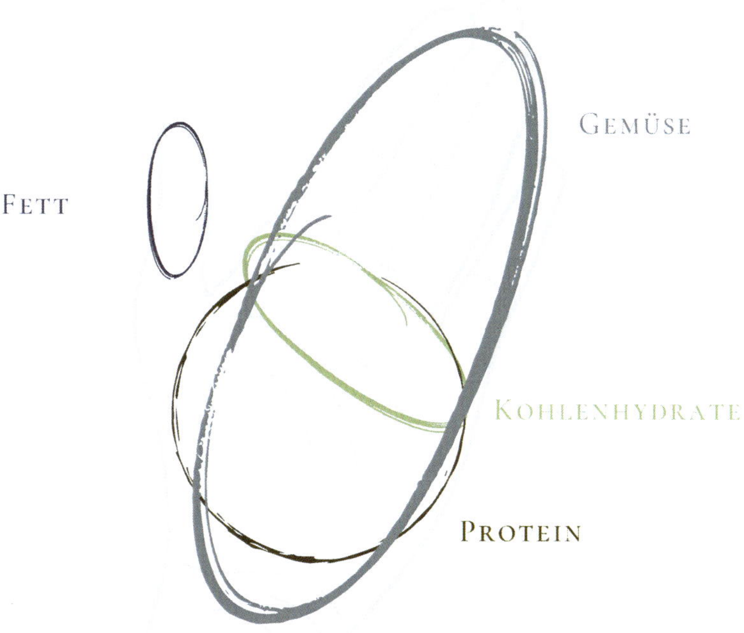

Die Größe des Handtellers, also der Bereich zwischen Handgelenk und Ansatz der Finger, bestimmt die Portionsgröße der proteinreichen Lebensmittel. Die Menge an Gemüse kann anhand der Handinnenfläche, also der gesamten Hand bis zu den Fingerspitzen, abgeschätzt werden. Die Portionsgröße für Kohlenhydrate entspricht in etwa der des Handballens und die gesunden Fette sollten etwa die Menge der Größe des Daumens haben.

Beide Methoden können eine einfache Möglichkeit sein, um sich bewusster über die Portionsgrößen in der Ernährung zu werden, und sie können dazu beitragen, eine ausgewogene Ernährung zu fördern.

Sie ersetzen jedoch keine genauen Mengenangaben oder eine individuelle Ernährungsberatung, insbesondere dann, wenn spezielle oder auch gesundheitliche Aspekte zu beachten sind.

FETT

Immer wieder mache ich die Erfahrung, dass einige Menschen Fett in Lebensmitteln als grundsätzlich schlecht und ungesund ansehen. Dabei ist Fett für uns sogar lebensnotwendig. Die Vitamine A, D, E und K zum Beispiel, sind so genannte fettlösliche Vitamine und können nur mit Hilfe bestimmter Fettsäuren vom Körper aufgenommen werden. Darüber hinaus hat Fett Einfluss auf unseren Hormonhaushalt und wird für den Aufbau von Zellmembranen benötigt. Einige Fettsäuren sind sogar essenziell, können also nicht selbst von unserem Körper hergestellt werden, so dass sie zwangsläufig über die Nahrung zugeführt werden müssen.

Doch Fett ist nicht gleich Fett.
Grob wird Fett in die folgenden drei bzw. vier Kategorien unterteilt: In in die gesättigten Fettsäuren, die einfach ungesättigten Fettsäuren, die mehrfach ungesättigten Fettsäuren und in die Transfettsäuren.
Der Ursprung liegt in der chemischen Zusammensetzung der einzelnen Fettsäuren, die aus unterschiedlich langen Kohlenwasserstoffketten und Doppelbindungen zwischen den Kohlenstoffatomen aufgebaut sind. So haben gesättigte Fettsäuren gar keine Doppelbindungen, einfach ungesättigte Fettsäuren hingegen haben eine Doppelbindung und mehrfach ungesättigte Fettsäuren haben mehrere Doppelbindungen. Transfettsäuren gehören eigentlich zu den ungesättigten Fettsäuren, werden jedoch durch chemische Härtung oder starke Hitze in ihrer Struktur verändert. Ihnen werden in diesen Prozessen zusätzliche Wasserstoffe angeheftet, was das Fett härter und somit streichbar macht. Für Chemiker mag das vollkommen logisch erscheinen, bei Nicht-Chemikern entsteht wohl spätestens jetzt ein großes Fragezeichen im Kopf. Deshalb gehen wir den einzelnen Fettsären mal etwas tiefer auf den Grund.

Gesättigte Fettsäuren

Gesättigte Fettsäuren dienen dem Menschen vor allem als Energiequelle und Energiespeicher. Sie sind am Aufbau von Biomembranen beteiligt und bieten Schutz für unsere inneren Organe.
Wir finden sie vor allem in tierischen Produkten wie Butter, Talg, Schmalz, Fleisch und Milch, daher auch in weiterverarbeiteten Produkten wie Wurst und Käse, in Sahne, Gebäck und Backwaren und in Schokolade und fettigen Süßigkeiten.
Aber auch Pflanzenfette wie Kokosfett, Palmöl, Palmfett und Kakaobutter und Lebensmittel in denen diese zugesetzt sind, enthalten gesättigte Fettsäuren.
Gesättigte Fettsäuren machen ein Fett fest. Man kann sagen, je fester ein Fett, desto mehr gesättigte Fettsäuren sind darin enthalten.
Pauschal sagt man den gesättigten Fettsäuren nach, dass sie die „schlechten" Blutfette und den Gesamtcholesterinwert negativ beeinflussen. Das wiederum kann sich negativ auf die Herz-Kreislaufgesundheit auswirken und somit Folgen für koronare Herzerkrankungen haben.

Einfach ungesättigte Fettsäuren

Für unseren Organismus sind die einfach ungesättigten Fettsäuren lebensnotwendig. Sie übernehmen den Transport der fettlöslichen Vitamine und sind in der Regel leicht verdaulich.
Umgangssprachlich werden sie im allgemeinen auch „gesunde Fette" genannt, da sie sich positiv auf den Cholesterinspiegel und das Herz-Kreislauf-system auswirken sollen.
Wir finden die gesunden Fette überwiegend in Rapsöl, Olivenöl, Avocados und Erdnüssen.

Mehrfach ungesättigte Fettsäuren

Bei mehrfach ungesättigten Fettsäuren sprechen wir hauptsächlich von den sogenannten Omega-3 und Omega-6 Fettsäuren. Auch sie sind essenziell, können also vom Körper nicht selber hergestellt werden.
Ihnen werden positive gesundheitliche Wirkungen auf das Herz-Kreislaufsystem, den Cholesterinspiegel und das Gehirn nachgesagt. Dabei spielt es weniger eine Rolle, wie viel man von der jeweiligen Fettsäure zu sich nimmt, sondern auf das Verhältnis zueinander. Ein Verhältnis von unter 5:1 (Omega-6 zu Omega-3) gilt im allgemeinen als erstrebenswert.
Mehrfach ungesättigte Fettsäuren können wir in Leinsamen, Hanföl, Chiasamen und Rapsöl finden, hauptsächlich jedoch in fetten Fischen, Fisch- und Algen Öl.

Bei einer eventuellen Supplementierung durch Nahrungsergänzungsmittel sollte auf die Reinheit des Fisch- bzw. Algen Öls geschaut werden. Oft werden die Produkte nicht ausreichend gereinigt, so dass sie nicht unerhebliche Rückstände von Schwermetallen aus dem Meer aufweisen. Entsprechende Nachweise lassen sich meist auf der Homepage der Hersteller finden

Mehrfach ungesättigte Fettsäuren

Transfette entstehen bei der partiellen Härtung von Pflanzenölen. Die Härtung der Fette ist für die Lebensmittelindustrie wichtig, denn gehärtete Fette sind in der Regel günstiger, sie verbessern unter anderem die maschinellen Eigenschaften von Teigen in industriell gefertigten Backwaren und sie machen Fett streichfähig.

Dabei gelten sie als sehr ungesund und sollten nur in geringsten Mengen verzehrt werden. Sie können nämlich von unserem Organismus nicht „erkannt" werden, so dass sie in den Gefäßwänden und im Fettgewebe einlagert werden.

Transfette können wir vor allem in weiterverarbeiteten Lebensmitteln wie unteranderem in süßen Backwaren, Fertigprodukten, Bratfetten, einigen Margarinen, Chips, Erdnussflips und Pop Corn finden.

Doch nicht nur in der Industrie können Transfette entstehen. Auch beim Braten zu Hause.

Denn Transfette entstehen bei Hitze von ca. 130°C, welche durchaus auch beim Braten in der Pfanne erreicht werden. Pflanzenöle mit einem hohen Gehalt an mehrfach ungesättigten Fettsäuren wie beispielsweise Maiskeimöl, Weizenkeimöl, Sonnenblumenöl, Distelöl und Nuss-Öle sollten daher nicht zum Braten oder Kochen verwendet werden.

Zu den Alternativen beim Braten gehören Olivenöl, Butter, Schmalz oder Kokosfett.

Gesunde Fette sollten also unbedingt täglich zugeführt werden, jedoch mit Blick auf die jeweiligen Fettsäuren.

Wer auf seine tägliche Kalorienzufuhr achtet, sollte wissen, dass sich die unterschiedlichen Fettsäuren nicht in der Kalorienbilanz unterscheiden. Ein Gramm Fett liefert uns 9,3 kcal.

KOHLENHYDRATE

Kohlenhydrate stehen im Ruf, grundsätzlich dick zu machen und ungesund zu sein. Versprechen von Diäten wie Low Carb (wenig Kohlenhydrate) oder No Carb (gar keine Kohlenhydrate) haben diesen Glauben wahrscheinlich mit in den Köpfen vieler Menschen wachsen lassen.

Doch was genau sind Kohlenhydrate und welche Rolle spielen sie in einer ausgewogenen Ernährung? Kohlenhydrate sind nichts Anderes als Zucker oder auch Saccharide genannt. Sie dienen dem Menschen hauptsächlich als Energielieferant. Kohlenhydrate sind nicht essenziell, das heißt, wir können auch ohne sie überleben. Dennoch bieten sie uns einige Vorteile.

In ihrer chemischen Struktur sind Kohlenhydrate organische Verbindungen aus Kohlenstoff, Sauerstoff und Wasser. Je nach Zusammensetzung unterscheidet man sie in Einfachzucker (Monosaccharide), Zweifachzucker (Disaccharide), Mehrfachzucker (Oligosaccharide) und Vielfachzucker (Polysaccharide).

Ein- und Zweifachzucker schmecken süß und lassen sich hauptsächlich in Süßigkeiten finden. Sie werden auch als einfache Kohlenhydrate bezeichnet. Mehr- und Vielfachzucker werden auch komplexe

Kohlenhydrate genannt und sind vor allem in Vollkornlebensmittel und Kartoffeln enthalten.

Zu den Einfachzuckern gehören Fruchtzucker (Fruktose) und Traubenzucker (Glukose).

Zweifachzucker ist der klassische Haushaltszucker (Saccharose) und Milchzucker (Laktose).

Mehr- und Vielfachzucker sind hauptsächlich Stärke, Ballaststoffe und Dextrine, die wir überwiegend in Kartoffeln, Vollkornlebensmitteln, Hülsenfrüchten und Getreide finden können.

Verwerten kann unser Körper nur den Einfachzucker Glukose. Das bedeutet, dass er die komplexen Zucker erst einmal aufspalten muss, bevor sie zur Energiegewinnung bereitgestellt werden können. Sie werden im Magen-Darm-Trakt mit Hilfe von Enzymen in Glukose aufgespalten und gelangen anschließend mit der Hilfe des Hormons Insulin ins Blut und können so unsere Zellen, Muskeln und unser Gehirn mit Energie versorgen.

Einfache Kohlenhydrate können sehr schnell in Glukose umgewandelt werden und stehen so auch schnell als Energie zur Verfügung. Das bedeutet aber auch, dass in kurzer Zeit sehr viel Insulin produziert werden muss, um den Zucker ins Blut leiten zu können. Das wiederum lässt den Blutzuckerspiegel schnell stark ansteigen und in der Regel ähnlich abrupt wieder abfallen. Bei komplexen Kohlenhydraten benötigt der Körper mehr Zeit um die Glukose aufzuspalten und hat so auch mehr Zeit Insulin zu produzieren. Der Blutzuckerspiegel steigt damit in der Regel langsamer an.

Das starke An- und Abfallen des Blutzuckerspiegels bedeutet für den Körper Stress. Er soll für Heiß-hungerattacken verantwortlich und Mitauslöser für verschiedene Erkrankungen sein.

Wie kann nun der Körper Energie bei einer Low oder No Carb Ernährung gewinnen?

Bei einer Ernährungsweise die dem Körper nicht ausreichend Energie über Kohlenhydrate liefert, ist dieser in der Lage, Energie über Fett und Proteine zu generieren. Dabei greift er erstmal auf das vorhandene Fett zurück. Steht dem Körper jedoch nicht mehr genug davon zur Verfügung, muss er auf Proteine zurückgreifen, die wiederum ein wichtiger Bestandteil unserer Muskeln sind. Ein länger andauernder Mangel an Kohlenhydraten kann also zu einem Abbau unserer Muskulatur führen.

Es macht deshalb durchaus Sinn, Kohlenhydrate zu sich zu nehmen, es kommt jedoch auf die Art der Kohlen-hydrate an. Wer sich mit einer Low Carb Ernährung wohlfühlt, kann diese durchaus praktizieren, sollte jedoch auf eine entsprechend hohe Fettzufuhr achten. Zum einen, um die lebensnotwendigen Fettsäuren sicher zu stellen und zum anderen, um einen Abbau der Muskulatur vorzubeugen.

PROTEINE

Proteine sind komplexe Moleküle, die aus Aminosäuren bestehen. Sie werden umgangssprachlich auch gerne als Eiweiß bezeichnet und somit nicht selten mit dem Hühnereiweiß verwechselt.

Proteine werden aus maximal zwanzig verschiedenen proteinogenen Aminosäuren gebildet, wobei acht von ihnen essentiell sind, also nicht vom Körper selber hergestellt werden können und daher zwingend über die Nahrung aufgenommen werden müssen.
Die essenziellen Aminosäuren sind:

Isoleucin
Leucin
Lysin
Methionin
Phenylalanin
Threonin
Tryptophan
Valin

Und die nicht essenziellen sind

Alanin
Arginin
Asparagin
Asparaginsäure
Cystein
Glutamin
Glutaminsäure
Glycin
Histidin
Prolin
Serin
Tyrosin

Jede Aminosäure hat ihr Hauptaufgabenfeld. Darum ist es so wichtig, den Haushalt der Aminosäuren für den Erhalt unserer Körperfunktionen durch die ausgewogene Ernährung abzudecken. Proteine sind an schier unzähligen und elementar wichtigen Vorgängen unseres Körpers beteiligt.
Sie werden benötigt, um Körpergewebe wie Organe, Muskeln, und Haut zu bilden und zu erhalten. Zudem sind Proteine an allen Stoffwechselprozessen beteiligt und übernehmen

wichtige Speicherfunktionen. Sie sichern den Transport gelöster Nährstoffe wie beispielsweise Eisen, Cholesterin, Glukose und auch den fettlöslichen Vitaminen, genauso wie der des Sauerstoffs. Sie sind an der Übertragung von Nervenimpulsen beteiligt, wie auch an der Bildung von Hormonen, Enzymen und Antikörpern für unser Immunsystem.

Das bedeutet, sie haben Einfluss auf den Aufbau und die Beweglichkeit unserer Muskeln, auf die Elastizität unserer Haut, Haare und Nägel, auf unser komplettes Hormonsystem genauso wie auf die Sauerstoffversorgung unseres Gehirns und auf die Stärke unserer Abwehrkräfte.
Auch bietet es einen großen Vorteil, wenn es um das Thema Gewichtsreduktion geht, spielen Proteine eine große Rolle. Genau wie Kohlenhydrate liefert uns ein Gramm Protein Energie von 4,1 Kilokalorien. Im Gegensatz zu Fetten und Kohlenhydraten wird Eiweiß jedoch nicht im Körper gespeichert. Die Energie die uns Proteine liefern, wird direkt in die spezifischen Aufgaben der jeweiligen Aminosäuren gesteckt. Außerdem sind sie absolute Sattmacher.
Über den täglichen Proteinbedarf wird viel diskutiert. Die DGE, die Deutsche Gesellschaft für Ernährung, empfiehlt eine tägliche Proteinzufuhr für Erwachsene ab 19 Jahren bis unter 65 Jahren, von 0,8 g Protein pro Kilogramm Körpergewicht. Für Erwachsene ab dem 65 Lebensjahr gibt sie einen

Schätzwert von 1 g pro Kilogramm Körpergewicht pro Tag heraus. Für ambitionierte Sportler gelten Werte von bis zu 2 g pro Kilogramm Körpergewicht.
Allgemein sollten meiner Meinung nach aber auch Faktoren wie Stresslevel, Gesundheitszustand und das allgemeine Aktivitätsniveau berücksichtigt werden. Denn bei den umfangreichen Aufgabenfeldern das die Proteine in unserem Körper abdecken, ist es naheliegend, dass wir, je nach Lebensumstand, deutlich mehr Proteine benötigen als die allgemeine Empfehlung vermuten lässt.
So wage ich als Ernährungsberaterin eine Empfehlung von 1,5 g bis 2 g Protein pro Kilogramm Körpergewicht für erwachsene Menschen.
Leider gehört es nach wie vor zu einem gängigen Vorurteil, dass wir Proteine in hoher Menge vor allem in Fleisch finden und deshalb besonders Vegetarier und Veganer unter massiven Proteinmangel leiden müssten. Zum Glück ist das nicht der Fall, denn auch viele Pflanzen bieten hervorragende Proteinquellen.

So besitzen Hülsenfrüchte wie Kichererbsen, Linsen und Erbsen beachtliche Mengen Eiweiß. Aber auch Hafer und Dinkel, Pseudogetreide wie Quinoa und Amaranth, Nüsse und viele Saaten und Kernen sind gute Eiweißlieferanten, wobei man hier aber unbedingt auf den Fettgehalt bzw. die Kalorienzufuhr achten muss.
In tierischen Lebensmitteln können wir besonders in Hühnchenfleisch, Quark, Skyr, Hüttenkäse, Fisch und Hühnereiern Proteine finden.
Natürlich enthalten auch viele andere Lebensmittel Eiweiße, jedoch sind die oben genannten besonders reich an Proteinen.

Wer streng auf seine tägliche Eiweißzufuhr achten möchte, jedoch das Gefühl hat, diese nicht über die Ernährung abdecken zu können, kann auf Shakes aus Proteinpulvern zurückgreifen. Diese finden wir mittlerweile in jedem Discounter, allerdings sollte unbedingt die Zutatenliste genau unter die Lupe genommen werden, denn es gibt riesige Unterschiede.
Einmal spielt es eine große Rolle aus welchen Quellen das Eiweiß gewonnen wurde. Außerdem sind viele Pulver mit Süßstoffen, Aromastoffen und anderen Zusatzstoffen gemischt. Wer darauf lieber verzichten möchte, sollte zu Proteinpulvern greifen, die aus unterschiedlichen Eiweißquellen stammen und keinerlei Zusatzstoffe beinhalten.

BALLASTSTOFFE

Ballaststoffe sind unverdauliche Nahrungsbestandteile, die vor allem in pflanzlichen Lebensmitteln zu finden sind. Sie werden in lösliche und in unlösliche Ballaststoffe unterteilt.

Lösliche Ballaststoffe sind sogenannte Quellstoffe. Sie können große Mengen an Wasser binden. Im Dickdarm werden sie zu Fettsäuren und Gasen abgebaut und sind eine wichtige Nährquelle für unsere guten Darmbakterien.
Sie sind vor allem in Obst und Gemüse enthalten.

Unlösliche Ballaststoffe werden hingegen im Dickdarm kaum beziehungsweise nur langsam abgebaut. Getreide und Hülsenfrüchte sind besonders reich an unlöslichen Ballaststoffen.
Beide Arten haben einen großen positiven Einfluss auf unsere Verdauung und unsere Gesundheit. Sie sorgen darüber hinaus für ein längeres Sättigungsgefühl. Um gut aufquellen zu können, benötigen sie jedoch ausreichend Flüssigkeit. Anderenfalls können sie zu Verstopfungen führen.
Im Allgemeinen wird eine tägliche Zufuhr an Ballaststoffen von etwa 30 g empfohlen.

PRIMÄRE UND SEKUNDÄRE PFLANZENSTOFFE

Was sind primäre und sekundäre Pflanzenstoffe? Pflanzen erzeugen unter anderem durch Photosynthese wichtige Pflanzenstoffe, die sie zum Überleben brauchen. Diese werden in primäre und in sekundäre Pflanzenstoffe unterteilt.

Primäre Pflanzenstoffe werden laut Definition im Primärstoffwechsel erzeugt und sind Kohlenhydrate, Proteine und Fette, die als Energielieferanten, Speicherstoffe oder Strukturbausteine dienen.

Sekundäre Pflanzenstoffe hingegen, entstehen im sogenannten Sekundärstoffwechsel und sind meist kleinere Moleküle die in geringeren Mengen in der Pflanze vorliegen. Sie haben viele unterschiedliche Funktionen, dienen den Pflanzen überwiegend als Abwehrstoffe gegen Schädlinge und Krankheiten, als Wachstumsregulatoren und Farbstoffe. Sie nutzen jedoch nicht nur den Pflanzen. Sie können auch dem Menschen gesundheitliche Vorteile bieten.

Je nach Struktur und Eigenschaften werden sie in unterschiedliche Gruppen eingeteilt.

Zu den gängigsten sekundären Pflanzenstoffen gehören

- Alkaloide
- Anthocyane
- Anthrachinone
- Bitterstoffe
- Herzglykoside
- Cumarine
- Kieselsäure
- Flavonoide
- Glucosinolate
- Schleimstoffe
- Polyphenole
- Saponine
- Tannine
- Ätherische Öle
- Carotinoide
- Phytinsäure
- Inositol
- Isoflavone
- Sulforaphan

Allen sekundären Pflanzenstoffen werden unterschiedliche positive Eigenschaften zugesprochen. Sie sollen ihre Wirkung besonders erst in Kombination untereinander richtig entfalten können. Doch nicht alle sekundären Pflanzenstoffe sind in jeder Pflanze oder deren Früchten enthalten. Grob kann man die unterschiedlichen Stoffe den verschiedenen Farben zuordnen. Deshalb gilt, je bunter der Teller, desto vielfältiger sind die sekundären Pflanzenstoffe. Eine ausgewogene Ernährung mit vielen unterschiedlichen Obst- und Gemüsesorten ist somit sehr wichtig. Um die zahlreichen sekundären Pflanzenstoffe auch wirklich abzudecken, kann man sich als kleine Faustregel den Spruch „eat the rainbow" zu Nutzen machen.

VITAMINE

Vitamine sind organische Verbindungen, die lebenswichtig für den menschlichen Körper sind. Sie spielen eine entscheidende Rolle bei zahlreichen physiologischen Prozessen und tragen maßgeblich zur Aufrechterhaltung der Gesundheit und des Wohlbefindens bei. Es gibt dreizehn verschiedene Vitamine, die in zwei Hauptkategorien unterteilt werden: fettlösliche Vitamine zu denen die Vitamine A, D, E und K gehören und wasserlösliche Vitamine wie die B-Vitamine und Vitamin C.

Fettlösliche Vitamine:
Vitamin A ist wichtig für die Gesundheit der Haut, Augen und das Immunsystem. Es kommt in Lebensmitteln wie Karotten, Süßkartoffeln, Spinat und Leber vor.
Vitamin D ist ein essentielles Vitamin für die Aufnahme von Kalzium und die Gesundheit der Knochen. Unser Körper kann es mithilfe von Sonnenlicht synthetisieren, aber es kommt auch in fetthaltigen Fischen und angereicherten Lebensmitteln vor.
Vitamin E ist ein starkes Antioxidans, das Zellen vor Schäden schützt und die Hautgesundheit unterstützt. Nüsse, Samen und pflanzliche Öle sind gute Quellen für Vitamin E.
Vitamin K spielt eine Schlüsselrolle bei der Blutgerinnung und der Knochengesundheit. Es kommt unter anderem in grünem Blattgemüse, Brokkoli und Eiern vor.

Wasserlösliche Vitamine:
Vitamin B-Komplex umfasst eine Gruppe von acht verschiedenen B-Vitaminen. Darunter B1 (Thiamin), B2 (Riboflavin), B3 (Niacin), B5 (Pantothensäure), B6 (Pyridoxin), B7 (Biotin), B9 (Folsäure) und B12 (Cobalamin). Diese Vitamine sind entscheidend für den Energiestoffwechsel, die Zellteilung und die Gesundheit von Haut und Nerven.
Vitamin C spielt eine wichtige Rolle bei der Bildung von Kollagen, der Absorption von Eisen und der Stärkung des Immunsystems. Es ist in frischem Obst und Gemüse wie Orangen, Zitronen, Paprika und Brokkoli reichlich vorhanden.

Vitamine sollten in ausgewogenen Mengen über die Ernährung aufgenommen werden, da ein Mangel aber auch ein Überschuss an bestimmten Vitaminen gesundheitliche Probleme verursachen kann. Eine abwechslungsreiche und ausgewogene Ernährung, die reich an frischen Lebensmitteln ist, kann dazu beitragen, den Bedarf an Vitaminen zu decken.

MINERALSTOFFE

Mineralstoffe sind anorganische Verbindungen, die für den menschlichen Körper lebensnotwendig sind. Sie gehören zu den grundlegenden Bausteinen des Lebens und erfüllen eine Vielzahl von wichtigen Funktionen in unserem Organismus. Diese essenziellen Mineralstoffe sind in der Regel als Makroelemente und Spurenelemente kategorisiert, abhängig von der Menge, die der Körper benötigt.

Makroelemente sind Mineralstoffe, die in größeren Mengen benötigt werden. Zu ihnen gehören Kalzium, Magnesium, Natrium, Kalium und Phosphor.
Kalzium ist entscheidend für die Gesundheit der Knochen und Zähne. Es ist auch an der Muskelkontraktion, Blutgerinnung und der Signalübertragung in Nervenzellen beteiligt.
Magnesium ist wichtig für die Muskel- und Nervenfunktion, den Energiestoffwechsel und die Bildung von Knochen und Zähnen.
Natrium spielt eine Schlüsselrolle bei der Aufrechterhaltung des Flüssigkeitshaushalts und der Nervenfunktion. Es ist ein wesentlicher Bestandteil von Kochsalz (Natriumchlorid).
Kalium ist notwendig für die Regulierung des Blutdrucks, die Muskelkontraktion und die Funktion von Nervenzellen.Phosphor ist ein Bestandteil der Energieträger unserer Zellen. Außerdem ist Phosphor wichtig für die Knochen- und Zahnstruktur.

Spurenelemente sind Mineralstoffe, die wichtig sind aber dennoch in viel geringeren Mengen benötigt werden. Zu ihnen gehören Eisen, Zink, Selen, Kupfer, Mangan und Jod
Eisen ist für den Sauerstofftransport im Blut unerlässlich und spielt eine wichtige Rolle bei der Energieproduktion.
Zink ist entscheidend für das Immunsystem, die Wundheilung und die DNA-Synthese.
Selen ist ein Antioxidans, das den Körper vor Schäden durch freie Radikale schützt.
Kupfer ist notwendig für die Bildung von Kollagen, das für die Hautgesundheit und die Bildung von Bindegewebe wichtig ist.
Mangan ist an der Knochenbildung, der Regulation des Blutzuckers und vielen enzymatischen Reaktionen beteiligt.
Jod ist ein Schlüsselelement für die Schilddrüsenfunktion und die Produktion von Schilddrüsenhormonen.

MILCH UND FLEISCH

Milch und Fleisch sind grundsätzlich Lebensmittel, die dem Menschen einige gute Bestandteile liefern können. Abgesehen von den meist guten Proteinwerten von Fleisch, kann Milch nicht zuletzt auch mit guten Calciumwerten punkten. Außerdem können Milchprodukte wie Quark, Skyr und Hüttenkäse sehr hilfreich sein, um den täglichen Proteinbedarf zu decken.

Dennoch sollten wir unseren Milch- und Fleischkonsum im Blick haben.
Um der hohen Nachfrage nach möglichst preisgünstigen Fleisch- und Wurstwaren gerecht zu werden, sind die meisten Bauern darauf angewiesen, immer mehr Tiere auf immer engerem Raum zu halten. Doch der meist enge Raum, in dem die Tiere eingepfercht leben müssen, bietet potenziellen Krankheitserregern gute Gelegenheiten, sich schnell auszubreiten. Um das zu verhindern, werden Tieren in Mastbetrieben nicht unerhebliche Mengen an Antibiotika zugeführt. Diese Medikamente dienen nicht nur zur Prophylaxe von Krankheiten, sie sind darüber hinaus noch einfache Mastbeschleuniger, können somit hilfreich beim generieren guter Erträge sein. Doch nicht nur in der klassischen Viehzucht werden Antibiotika eingesetzt, auch in Hühnerställen und in der Fischzucht ist der Gebrauch von Antibiotika ein gängiges Mittel um Krankheiten vorzubeugen.
Abgesehen davon, was das für das Wohl der Tiere bedeutet, ist dieser Einsatz von Antibiotika in der Tierzucht auch für den Endverbraucher, also uns Menschen, spürbar.
Denn es ist unumgänglich, dass Rückstände von Antibiotika auch im Fleisch der Tiere zurückbleibt und somit täglich auf unseren Tellern landet. Fleisch, Fisch, Eier und Milchprodukte wie Pudding, Joghurt, Sahne und Käse aus konventioneller Tierhaltung enthalten oft Rückstände von Antibiotika. Auch Biohöfe dürfen Antibiotika in ihrer Zucht einsetzen, jedoch normalerweise in geringeren Mengen als das bei konventionellen Mastbetrieben der Fall ist. Mittlerweile gibt es Initiativen die ganz auf den Einsatz von Antibiotika verzichten.
Auch schon geringe Rückstände können sich negativ auf unsere eigene Gesundheit auswirken, besonders bei regelmäßigem Konsum. Daher sollte jeder, nicht nur des Tierwohls wegen, seinen eigenen Konsum von tierischen Lebensmitteln hinterfragen.

Doch nicht nur der Einsatz von Antibiotika in Zuchtbetrieben, auch der Einsatz von Hormonen in konventionellen Milchbetrieben, sollte durchaus kritisch betrachtet werden. Laut eines Artikels des Bundesinformationszentrum Landwirtschaft, produzierte im Jahr 2020 eine Milchkuh in Deutschland durchschnittlich 8.457 Kilo Milch. Das ist mehr als die dreifache Menge von vor etwa 70 Jahren und das Resultat zielgerichteter Züchtung und dem Einsatz von Hormonen. Durchschnittlich bekommt eine Milchkuh in Deutschland jedes Jahr ein Kalb. 10 von 12 Monaten wird die Kuh gemolken, nur einige Wochen vor der Geburt ihres Kalbs wird sie geschont. Die besten Ergebnisse, also der höchste Milchertrag einer Kuh, wird in der vierten bis sechsten Milchperiode, also zwischen der Geburt des vierten und sechsten Kälbchens gewonnen. Laut des oben erwähnten Artikels werden die meisten Milchkühe in Deutschland jedoch erst gar nicht so alt.

Doch der Einsatz von Hormonen bei Milchkühen hinterlässt Spuren in unserer Milch und den daraus gewonnenen Milchprodukten. Je nach individuellem Milchkonsum kommt der Endverbraucher so auf ansehnliche Mengen an Hormonen die er zwangsläufig zu sich nimmt. Auch hier gilt, der Einsatz von Hormonen ist auf Biohöfen grundsätzlich erlaubt, aber in geringeren Mengen als in konventionellen Betrieben und auch hier gibt es vereinzelt milchproduzierende Höfe, die gänzlich auf den Einsatz von Hormonen verzichten.

Wenn es nun um die Frage geht, ob tierische Lebensmittel konsumiert werden können, zum einen unter dem Aspekt Einsatz von Hormonen und Antibiotika, zum anderen unter dem Aspekt des Tierwohls, so ist es in meinen Augen nicht zwingend notwendig darauf zu verzichten. Jedoch sollte unbedingt auf die Herkunft des Fleisches und die Haltungsform der Tiere geachtet werden.

EIN PAAR LEBENSMITTEL ERKLÄRT

Äpfel

Äpfel sind tolle Vitaminlieferanten, solange man sie mit Schale isst, denn alle guten Dinge sitzen direkt darunter und gehen beim Schälen verloren. Außerdem enthalten sie hohe Mengen an Pektin. Pektin ist ein Ballaststoff, der sich im Magen ausdehnt und somit schnell zu einem Sättigungsgefühl beitragen kann.
Beim Kauf von Äpfeln sollte auf eine unbeschädigte Schale ohne Druckstellen geachtet werden. Äpfel sollten nicht direkt neben Gemüse gelagert werden, da sie sonst schneller verderben.

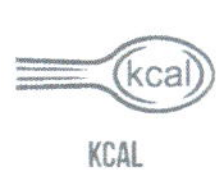    

KCAL	PROTEIN	BALLASTSTOFFE	FETT	KOHLENHYDRATE
52	0,3	2,4	0,4	11,4

Avocado

Avocados liefern eine Menge wichtiger Vitamine, Mineralstoffe und mehrfach- und einfach ungesättigte Fettsäuren. Kein Wunder also, dass sie trotz ihres hohen Fettgehaltes und der hohen Kaloriendichte als Superfood vermarktet werden. Wegen der hohen Kaloriendichte und der Umwelt zu liebe, sollten sie jedoch lediglich als Genussmittel betrachtet werden, denn pro Kilogramm Avocado werden rund 1.000 Liter Wasser benötigt.
Abgesehen von den langen Transportwegen die eine Avocado bis zu uns hinter sich hat.
Vor dem Aufschneiden der Frucht, sollte die Schale, selbst wenn sie nicht mitgegessen wird, gründlich unter lauwarmen Wasser abgebürstet werden, um Rückstände von Pestiziden abzuspülen

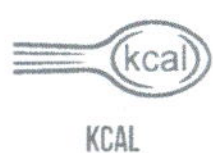     

KCAL	PROTEIN	BALLASTSTOFFE	FETT	KOHLENHYDRATE
160	2	6,7	14,7	8,5

Beeren

Beeren sind reich an Vitaminen, Mineralien, Ballaststoffen und sekundären Pflanzenstoffen. Zudem sind sie kalorienarm. Da sie viele Ballaststoffe enthalten, machen Beeren schnell satt.

- Erdbeeren gehören zu den Nüssen und sind gar keine Beeren. Die eigentlichen Früchte sind die kleinen grün-schwarzen Nüsse die sich auf dem roten sogenannten Fruchtboden aneinanderreihen.

- In Erdbeeren stecken größere Mengen Folat, das der Körper für die Zellteilung benötigt. Darüber hinaus verfügt sie über mehr Vitamin C als eine Zitrone.

- Johannisbeeren sind wahre Vitamin C Bomben und enthalten unteranderem noch Calium und Kalzium.

- Himbeeren sind reich an Pektin, das eine gesunde Verdauung fördert. Außerdem enthalten sie Anthocyane, ein sekundärer Pflanzenstoff dem einige gesundheitsfördernde Eigenschaften nachgesagt werden.

- Brombeeren enthalten besonders viel Vitamin A. Das ist wichtig für unsere Haut, Augen und Schleimhäute.

- Heidelbeeren enthalten viel Vitamin E, dass die Zellen elastisch hält und sich positiv auf den Blutdruck auswirken kann. Die Gerbstoffe der Heidelbeeren sollen entzündungshemmend wirken.

Saison für Beeren ist der gesamte Sommer. Frisch schmecken sie definitiv am besten. Da sie häufig mit Pflanzenschutzmitteln gespritzt werden, kann man die empfindlichen Beeren für einige Minuten in ein Bad aus Essigwasser legen. Danach kurz abbrausen, trocknen und kühl und dunkel lagern.
Beeren aus der Tiefkühltruhe bieten im Winter eine gute Alternative. Besonders im warmen Porridge oder Gebackenem machen sie sich gut. Doch auch sie sollten vorher mit heißem Wasser kurz abgebraust werden.

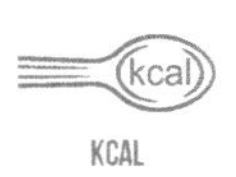

KCAL	PROTEIN	BALLASTSTOFFE	FETT	KOHLENHYDRATE
32	1	7,4	0,5	6

Brokkoli

Brokkoli kommt auf immerhin 4g Protein pro 100g und ist unteranderem ein toller Kalium-, Eisen-, Vitamin A und C Lieferant und sollte schon aus diesen Gründen regelmäßig auf unserem Speiseplan stehen. Der Stiel kann gut gewaschen oder gegebenenfalls geschält, mitgegessen werden.

Frischer Brokkoli sollte innerhalb von 1-2 Tagen verzehrt werden. Es kann aber auch bedenkenlos zum Brokkoli aus der Tiefkühltruhe gegriffen werden. Hier sollte jedoch darauf geachtet werden, dass dieser unbehandelt und ohne Zusatzstoffe und Zuckerzusatz ist. Auch Tiefkühlgemüse sollte vor dem Kochen kurz mit warmen Wasser abgespült werden.

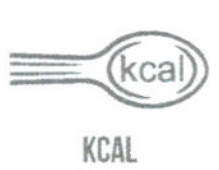

KCAL	PROTEIN	BALLASTSTOFFE	FETT	KOHLENHYDRATE
26	3,2	3	0,2	2,7

Kartoffeln

Kartoffeln haben bei uns einen eher schlechten Ruf. Dabei kommen sie unverarbeitet gerade mal auf 72 kcal und auf immerhin 2 g Protein pro 100 g. Außerdem haben sie sehenswerte Mengen an B-Vitaminen, Vitamin C und sekundäre Pflanzenstoffe und halten, dank ihrer langkettigen Moleküle, länger satt.

Gelagert werden sollten sie kühl und dunkel. Wenn Kartoffeln längere Zeit im Licht liegen, fangen sie an zu keimen und es bildet sich für uns giftige Stoff Solanin. Dieser kann bei übermäßigem Verzehr zu Kopfschmerzen, Durchfall und Erbrechen führen. Kartoffeln sollten nicht unmittelbar neben Äpfeln und Birnen gelagert werden, da diese das Gas Ethylen übertragen und die Kartoffeln schneller reifen lassen.

KCAL	PROTEIN	BALLASTSTOFFE	FETT	KOHLENHYDRATE
70	2	2,3	0,1	14,6

Erbsen

Erbsen sind voller Proteine, Ballaststoffe, Eisen, sekundären Pflanzenstoffe und Vitamin C. Sie sind somit ein großartiges Gemüse, dass sehr vielseitig eingesetzt werden kann.
Die meisten kennen die Erbse wahrscheinlich nur in Verbindung mit Möhrchen aus dem Glas oder der Tiefkühltruhe. Doch mittlerweile werden sie auch zu Nudeln verarbeitet, haben ihren festen Platz bei Fleischeratzprodukten gefunden oder kommen als gute Alternative zu Whey und Casein in Proteinshakes daher.
Wer sie in Gerichten einsetzten möchte, sollte auf die frische oder die tiefgekühlte Variante zurückgreifen. Doch auch bei der tiefgekühlten Variante sollte vorsichthalber ein Blick auf die Zutatenliste geworfen werden, da sich auch hier gerne Zusatzstoffe verstecken können.
Menschen die unter Gicht leiden, sollten beachten, dass Erbsen moderate Mengen an Purin aufweisen.

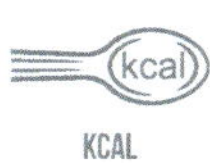

KCAL	PROTEIN	BALLASTSTOFFE	FETT	KOHLENHYDRATE
70	5,8	5	0,5	10,6

Erdnüsse

Erdnüsse sind, wie alle anderen Nüsse auch, auf Grund ihres hohen Fettgehalts wahre Kalorienbomben. Sie sind aber auch voll mit Kalium, Magnesium und Zink und die Fette sind in erster Linie einfach und mehrfach ungesättigte Fettsäuren. Daher lässt sich über den Verzehr von Nüssen streiten. Wer Körpergewicht verlieren möchte, sollte Nüsse wirklich nur in geringen Mengen zu sich nehmen, ansonsten kann man sie aber auch als gesunden Snack problemlos genießen. Es sollte jedoch auf die unbehandelte Nuss zurückgegriffen werden. Geröstete und gesalzene Nüsse werden meist mit gehärteten Fetten verarbeitet. Gleiches gilt leider häufig auch für Erdnussbutter.

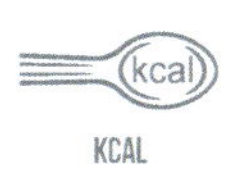

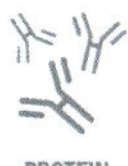

KCAL	PROTEIN	BALLASTSTOFFE	FETT	KOHLENHYDRATE
585	23,7	8	49,7	21,5

HAFER

Hafer gilt im Vergleich zu anderen Getreidesorten als gesund, denn Hafer hat nicht nur einen vergleichsweise hohen Anteil an Protein, sondern beinhaltet darüber hinaus Nährstoffe wie Vitamin B1 und B6, Vitamin E, Zink, Eisen, Calcium, Magnesium und Phosphor. Außerdem hat er einen recht hohen Gehalt an ungesättigten Fettsäuren und Ballaststoffen.

Das im Hafer enthaltene Beta-Glucan soll sich positiv auf den Cholesterinspiegel, sowie auf den Blutzuckerspiegel auswirken.

Hafer wird überwiegend als Frühstück in Form von Haferflocken verwendet. Diese bestehen überwiegen aus dem vollen Korn, so dass normalerweise alle Nährstoffe bei der Verarbeitung erhalten bleiben. Haferflocken lassen sich auch gut mit dem Zauberstab zu Hafermehl verarbeiten, dass man anschließend in Backwaren zusammen mit Weizen oder Dinkelmehl ergänzen kann.

Als Milchalternative ist die Hafermilch ein guter Ersatz den man auch leicht selber machen kann.

KCAL	PROTEIN	BALLASTSTOFFE	FETT	KOHLENHYDRATE
360	13,5	10	7	58

Kichererbsen

Kichererbsen sind reich an Ballaststoffen, Proteinen, B-Vitaminen, Mineralstoffen, Eisen, Folsäure und Magnesium. Außerdem können sie durch ihren niedrigen glykämischen Wert zur Regulierung des Blutzuckerspiegels beitragen und somit Heißhungeratacken verhindern.
Es gibt verschiedene Sorten von Kichererbsen und deren Zubereitung. Wer eventuell Probleme mit Hülsenfrüchten hat, kann diese vor dem Kochen für 24 Stunden im Wasser einweichen lassen. Das verbessert häufig die Verträglichkeit. Auch das Keimen von Hülsenfrüchten kann für manche Menschen positive Effekte haben.
Vorsichtig sollte man bei fertigen Kichererbsen aus dem Glas oder der Dose sein, da hier oft mit Zusatzstoffen gearbeitet wird. Eine tolle Alternative zu herkömmlichen Nudeln bilden solche aus Kichererbsenmehl.

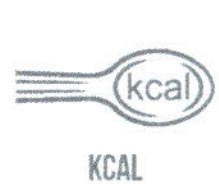

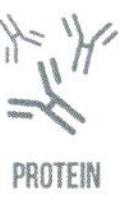

KCAL	PROTEIN	BALLASTSTOFFE	FETT	KOHLENHYDRATE
119	9	10	2	17

Kürbiskerne

Kürbiskerne sind ein Top-Lebensmittel. Sie sind voll von Eisen, Magnesium und Vitamin E. Dennoch sollten sie lediglich als Topping oder maximal als kleiner Snack gesehen werden, denn 100 g Kürbiskerne haben knapp 600 kcal.
Außerdem sollten sie, wenn möglich, aus der Bio-Herstellung kommen, da sie unter Umständen Rückstände aus Pflanzenschutzmitteln enthalten und anfällig für Schimmelpilzarten sind, die teilweise sogar hitzestabil sind und somit beim Kochen oder Backen nicht vollständig zerstört werden.

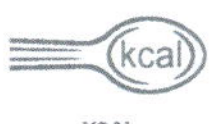

KCAL	PROTEIN	BALLASTSTOFFE	FETT	KOHLENHYDRATE
560	24.4	8.6	45.6	14.2

Leinsamen

Leinsamen sind die Samen der Flachspflanze und ein absoluter Streber in Sachen Gesundheitsförderung. Sie sind voller Proteine, Vitamine, Mineralstoffe und sogar Omega-3 Fettsäuren, wirken durch den hohen Ballaststoffgehalt sättigend und können sich so positiv auf den Cholesterinspiegel und den Blutdruck auswirken. Kleiner Wehrmutstropfen, Leinsamen können beachtliche Mengen Cadmium, ein giftiges Schwermetall aus dem Boden, aufweisen, warum täglich nicht mehr als 20g Leinsamen verzehrt werden sollten. Leinsamen von Bioherstellern können hier eine gute Alternative sein. Geschrotete Leinsamen halten sich gegenüber ganzen Leinsamen nicht so lange. Ganze Leinsamen sollte man vor dem Verzehr jedoch etwas aufquellen lassen und mit dem Mörser zerdrücken.

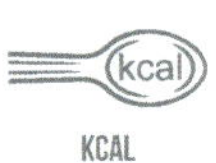

KCAL	PROTEIN	BALLASTSTOFFE	FETT	KOHLENHYDRATE
471	28,8	38,6	30	0

Walnüsse

Walnüsse stehen im Ranking der Nüsse, zumindest was die darin enthaltenen Nährstoffe angeht, ganz weit vorne. Omega-3 Fettsäuren, Linolsäure, Vitamin E, Magnesium, Kalium, Eisen und viel Protein sind nur einige von ihnen. Was die Kalorien angeht stehen sie ihrer Nussfamilie allerdings nichts nach und sind, zumindest, wenn man auf seine tägliche Kalorienzufuhr achten möchte, nur in Maßen zu genießen. Jedoch sollte der wirklich große gesundheitliche Nutzen von Walnüssen nicht außer Acht gelassen werden.
Wer ganze Nüsse kauft, sollte darauf achten, dass die Schale intakt ist und keine Risse oder Verfärbungen aufweist. Bei schon geknackten Nüssen ist es wichtig, darauf zu achten, dass sie frisch und keinesfalls ranzig riechen. Kühl und im Dunklen halten sie sich am längsten, im Kühlschrank wird ihnen jedoch schnell zu kalt.

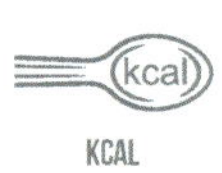

KCAL	PROTEIN	BALLASTSTOFFE	FETT	KOHLENHYDRATE
680	16	6,4	65	9

Quinoa

Quinoa ist ein sogenanntes Pseudogetreide und gibt es in Weiß, Rot oder Schwarz. Egal in welcher Farbe, Quinoa ist reich an Ballaststoffen, Protein, Eisen, Zink und Magnesium und ist darüber hinaus sehr vielseitig einsetzbar.

Der Großteil des hier zu Lande verkauften Quinoas, stammt aus Peru und Bolivien. Nur sehr geringe Mengen stammen aus europäischem Anbau. Daher sollte man sich überlegen, eventuell auf fair gehandelte Produkte zurückzugreifen und genauer hinzusehen, woher der Quinoa stammt.

KCAL	PROTEIN	BALLASTSTOFFE	FETT	KOHLENHYDRATE
351	14	6.8	5.5	58.5

Hüttenkäse

Hüttenkäse ist ein super Proteinlieferant und lädt wegen seiner Vielseitigkeit zum Experimentieren ein. Darüber hinaus ist er voller Calcium, Phosphor, Magnesium und Kalium.

Da es sich um ein tierisches Produkt handelt, kann ich nur empfehlen, dieses ausschließlich in Bioqualität zu kaufen.

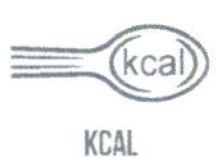	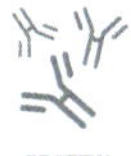			
KCAL	PROTEIN	BALLASTSTOFFE	FETT	KOHLENHYDRATE
92	13	0	4	1

Frühstück

GEBACKENE HAFERFLOCKEN

Zutaten

- 180 g Haferflocken
- 300 ml Mandel- oder Hafermilch
- 1 Ei
- 2 EL Süße wie z.B. Ahornsirup
- 1 TL Backpulver
- etwas Salz
- etwas Zimt
- Toppings wie Beeren, 1 Apfel, Kerne, Samen etc. Vorsicht, je nach Topping verändern sich auch die Nährwerte

Zubereitung

Den Ofen auf 180 Grad Umluft vorheizen. Alle Zutaten miteinander vermengen und in eine ofenfeste Form geben.

Für etwa 20 bis 30 Minuten backen lassen.

Am besten schmeckt es, wenn die Oberfläche goldbraun gebacken ist.

PORTIONEN
2

KCAL
458

PROTEIN
11

BALLASTSTOFFE
5

FETT
8

KOHLENHYDRATE
54

Kleiner Tipp

Dieses Rezept ist nicht nur ein tolles Frühstück. Es ist auch ein wahrer Mealprep-Tipp.
Die Masse kann in kleine Portionen auf dem Blech verteilt, in Muffinförmchen oder Riegelformen gegossen werden. So kann es wunderbar eingeteilt und unkompliziert mitgenommen werden.
Bei den Toppings gibt es keine Grenzen. Jegliche Art von Beeren, Äpfeln aber auch geriebene Zucchini können untergemischt werden. Einfach austoben und Neues wagen.
Dazu passen auch Joghurt oder Skyr, was jedoch die Anzahl der Kalorien erhöht.

FRISCHKÄSE MIT BEEREN UND CASHEWKERNEN

PORTIONEN
2

KCAL
310

PROTEIN
26

BALLASTSTOFFE
5

FETT
12

KOHLENHYDRATE
26

Zubereitung

Die Cashewkerne grob hacken, in einer Pfanne ohne Fett anrösten, herausnehmen und abkühlen lassen. Einen kleinen Teil für das Topping beiseite stellen.

Die Beeren waschen und trocknen lassen. Eine Handvoll der Beeren für später beiseite stellen. Den Rest mit der Süße vermengen, gegebenenfalls zerdrücken.

Den Hüttenkäse mit dem Magerquark bzw. der Alternative und dem Großteil der Cashewkerne verrühren. Das Beerenpüree locker untermischen. Mit den beiseite gestellten Beeren und Cashewkernen bestreuen.

Natürlich kann aus dem Cashew-Frischkäse auch ein Mandel- oder Walnuss-Frischkäse gemacht werden. Wichtig ist nur, auf die entsprechenden Nährwerte zu achten.

Zutaten

- 30 g Cashewkerne
- 250 g gemischte Beeren
- 2 TL Süße wie z.B. Ahornsirup
- 200 g körniger Frischkäse
- 100 g Magerquark, Skyr oder griechischer Joghurt

JOGHURT MIT BEEREN UND NÜSSEN

Zutaten

- 400 g Naturjoghurt 1,5% Fett
- 6 EL Haferflocken
- 200 g Beeren nach Wahl
- 4 EL Nüsse nach Wahl
- 1 TL Leinöl
- Ceylon Zimt nach Belieben

Zubereitung

Beeren waschen und trocknen lassen.
Joghurt mit Haferflocken vermischen und das Leinöl unterrühren.
Beeren und Nüsse darauf verteilen.
Gegebenenfalls mit Zimt verfeinern

PORTIONEN	KCAL PRO PORTION	PROTEIN	BALLASTSTOFFE	FETT	KOHLENHYDRATE
2	295	12	6	15	31

HAFERPORRIDGE

Zutaten

- 60 g feine Haferflocken
- 350 ml Wasser
- 1/2 TL Ceylon Zimt
- 1 Prise Salz
- 1 in Stücke geschnittener Apfel oder eine Birne
- nach Belieben Beeren, Granatapfelkerne, Trauben, Kerne, Samen, Saaten etc. als Topping

Zubereitung

Das Wasser zusammen mit dem Salz in einem Topf aufkochen lassen.

Die Hitze reduzieren und anschließend die Haferflocken zusammen mit den Apfel- oder Birnenstücken dazugeben. Fünf Minuten köcheln lassen und immer wieder umrühren.

Den Brei mit dem Zimt abschmecken, Beeren und Topping dazugeben.

kleiner Tipp

Wer es nicht ganz so breiig haben möchte, kann alle festen Zutaten in eine Schüssel geben und das aufgekochte Wasser einfach darüber gießen. Anschließend verrühren und etwas abkühlen lassen.

PORTIONEN
1

KCAL PRO PORTION
280

PROTEIN
8

BALLASTSTOFFE
8

FETT
4

KOHLENHYDRATE
53

HIRSEPORRIDGE

ZUTATEN

- 50 g Hirse
- 400 ml Mandel- oder Hafermilch
- 1 Prise Vanille
- etwas Salz
- 2 EL Mandel- oder anderes Nussmus
- 1 EL gehackte Mandeln oder andere Nüsse
- 1 EL Kokosflocken
- 1 EL Sesamsamen
- 200 g Beeren nach Wahl

ZUBEREITUNG

Die Hirse unter fließendem Wasser abspülen und zusammen mit der Milchalternative, der Vanille und dem Salz nach Anleitung des Herstellers kochen.

Anschließend 10 Minuten quellen lassen und das Nussmus unterrühren.

Die Mandeln, Kokosflocken und Sesamsamen in einer beschichteten Pfanne ohne Fett anrösten und zu dem Brei geben.

In eine Schüssel geben und mit den Beeren garnieren.

PORTIONEN
2

KCAL PRO PORTION
245

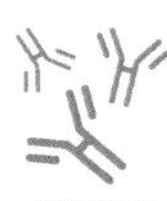

PROTEIN
7

BALLASTSTOFFE
4

FETT
11

KOHLENHYDRATE
28

OVERNIGHT OATS

Zutaten

- 50 g Haferflocken
- 120 ml Milch
  oder eine Milchalternative
- 1 TL Honig oder Ahornsirup
- 1 EL Walnusskerne
- 1 EL Sonnenblumenkerne
- 50 g gemischte Beeren

Zubereitung

Die Haferflocken in ein zuvor heiß ausgespültes, trockenes Gefäß mit passendem Deckel geben.

Die Milch bzw. die Milchalternative dazugeben und mit den Haferflocken vermengen. Das Gefäß verschließen und über Nacht in den Kühlschrank stellen.

Am darauffolgenden Morgen die Mischung einmal durchrühren und mit Honig oder Ahornsirup süßen. Die Walnusskerne grob hacken und die Beeren waschen und trocknen. Alles zusammen mit den Sonnenblumenkernen zu den Haferflocken geben.

kleiner Tipp

Das ist ein super Rezept als Mealprep oder wenn es morgens schnell gehen muss. Wer mag oder doch etwas mehr Zeit hat, kann die Beeren auch kurz erwärmen.

PORTIONEN
1

KCAL PRO PORTION
450

PROTEIN
16

BALLASTSTOFFE
9

FETT
24

KOHLENHYDRATE
44

MANDEL-PANCAKES

ZUTATEN

PORTIONEN
2

- 2 Eier
- 100 ml Mandel- oder Hafermilch
- 1 EL Süße
- 30 g gemahlene Mandeln
- 60 g Dinkelmehl
- etwas Salz
- ½ TL Backpulver
- 150 g Beeren
- 1 EL Mandelblättchen
- 2 TL natives Kokosöl
- 1 Prise Ceylon Zimt

KCAL PRO PORTION
367

PROTEIN
15

ZUBEREITUNG

Die Eier mit der Hafer- bzw. Mandelmilch und der Süße verquirlen. Die gemahlenen Mandeln unterrühren. Mehl mit Salz und Backpulver mischen und ebenfalls dazugeben und zu einer homogenen Masse verrühren. Den Teig zugedeckt etwa 15 Minuten quellen lassen.

BALLASTSTOFFE
2

Inzwischen die Beeren waschen und trocknen lassen. Die Mandelblättchen in einer Pfanne ohne Fett bei mittlerer Hitze etwas rösten, herausnehmen und abkühlen lassen.

FETT
21

Etwas Kokosöl in eine heiße Pfanne geben und den Teig portionsweise dazugeben. Diesen zu Pancakes backen bis sie auf beiden Seiten goldbraun sind und auf einem Teller mit Mandelblättchen und den Beeren servieren.
Für eine Extraportion Protein kann noch ein Klecks Skyr oder Quark dazugegeben werden. Aber Achtung, dass verändert die Nährwerte.

KOHLENHYDRATE
31

SÜSSKARTOFFELTOAST

Zutaten

PORTIONEN
4

- 600 g Süßkartoffeln
- 1 TL Olivenöl
- 200 g Kirschtomaten
- 1 Frühlingszwiebel
- 1 Avocado
- etwas Salz und Pfeffer
- 200 g Frischkäse (13 % Fett)
- 2 TL Leinsamen
- 2 TL Kürbiskerne
- 2 EL Limettensaft
- 1 EL Kürbiskernöl

KCAL PRO PORTION
370

Zubereitung

PROTEIN
12

Den Backofen auf 180°C Umluft vorheizen.
Die Süßkartoffeln schälen und längs in ca. 6 mm dicke Scheiben schneiden. Alle Scheiben auf ein mit Backpapier ausgelegtes Backblech legen, mit dem Olivenöl bestreichen und für 15 bis 20 Minuten in den Backofen geben.

BALLASTSTOFFE
8

In der Zwischenzeit die Tomaten waschen und halbieren und die Frühlingszwiebel waschen und in kleine Ringe schneiden. Die Avocado halbieren, entkernen, das Fruchtfleisch mit Hilfe eines Löffels aus den Schalen heben und in dünne Scheiben schneiden.

FETT
17

Die Süßkartoffeln aus dem Ofen nehmen und mit Salz und Pfeffer würzen. Anschließend den Frischkäse auf die Süßkartoffelscheiben streichen, mit den Avocadoscheiben und Kirschtomaten belegen und mit Salz und Pfeffer würzen. Die Leinsamen, die Kürbiskerne und die Frühlingszwiebel darüber verteilen. Alles mit etwas Limettensaft und dem Kürbiskernöl beträufeln.

KOHLENHYDRATE
43

Gemüse

KICHERERBSENNUDELN MIT PESTO

Zutaten

- 400 g Zucchini
- 120 g Kichererbsen-Nudeln
- 1 Paprika
- 80 g kleine Mozzarella-Kugeln
- 1 kleiner Topf Basilikum
- 25 g Parmesan
- 1 Zehe Knoblauch
- 4 TL Olivenöl
- etwas Salz und Pfeffer

Kleiner Tipp

Falls du keine Lust oder Zeit hast, dein eigenes Pesto zu machen, kannst Du dir natürlich auch eines im Glas kaufen. Hier solltest Du aber unbedingt auf die Zutatenliste achten. Viele Pestos bestehen aus minderwertigen Ölen und auch Nüssen. Auf Zutaten wie Sonnenblumenöl und Zusatzstoffe können wir hier wirklich verzichten. Das beeinflusst nicht nur den Geschmack, sondern auch unsere Gesundheit.

Zubereitung

Basilikum waschen und trocknen lassen. Den Parmesan grob würfeln und den Knoblauch abziehen. Alles zusammen mit Olivenöl, Salz und etwas Pfeffer in einem Mixer oder mit einem Pürierstab zu einem feinen Pesto verarbeiten.

Die Paprika waschen und in kleine Stücke schneiden, die Mozzarella-Kugeln halbieren und beides beiseitestellen.

Die Kichererbsen-Nudeln nach Angaben des Herstellers kochen. Währenddessen die Zucchini waschen und mit einem Spiralschneider in lange Streifen schneiden. Wahlweise geht auch ein Sparschäler. Diese in leicht gesalzenem Wasser für ca. 2 Minuten kochen lassen.
Die Kichererbsen-Nudeln zusammen mit den fertiggekochten Zucchini, dem Pesto, dem Mozzarella und der Paprika in eine große Schüssel geben und vorsichtig vermengen.
Wer mag, kann zum Anrichten noch ein paar Basilikumblätter oben drauf geben.

.

PORTIONEN
2

kcal

KCAL PRO PORTION
370

PROTEIN
16

BALLASTSTOFFE
6

FETT
22

KOHLENHYDRATE
30

LINSENBOLOGNESE

Zutaten

- 1 Tasse grüne oder braune Linsen
- 2 EL Olivenöl
- 1 Zwiebel
- 2 Karotten
- 2 Selleriestangen
- 3 Knoblauchzehen
- 1 Dose gehackte Tomaten
- 2 EL Tomatenmark
- 1 TL Oregano
- 1 TL Basilikum
- etwas Salz und Pfeffer
- 200 g Nudeln

Zubereitung

Die Linsen nach Anweisung des Herstellers gar kochen.
Zwischenzeitig das Gemüse waschen und kleinschneiden.

Das Olivenöl in einem großen Topf auf mittlerer Stufe erhitzen.
Die gewürfelte Zwiebel, die Karotten, den Sellerie und den Knoblauch hinzufügen und etwa 5 Minuten anbraten, bis das Gemüse weich wird.
Das Tomatenmark hinzufügen und mit dem Gemüse durchmischen, bis es leicht karamellisiert. Die gehackten Tomaten, Oregano und Basilikum hinzufügen. Mit Salz und Pfeffer würzen. Die gekochten Linsen unterrühren.

Die Bolognese bei niedriger Hitze 15-20 Minuten köcheln lassen, um die Aromen zu verbinden. Gelegentlich umrühren und bei Bedarf etwas Wasser hinzufügen, um die gewünschte Konsistenz zu erreichen. In der Zwischenzeit die Nudeln nach den Anweisungen auf der Verpackung kochen, bis sie al dente sind.
Die Linsenbolognese über die abgetropften Nudeln geben und servieren

kleiner Tipp

Wenn Linsen hin und wieder zu Magengrummeln führen, können sie einen Tag vor der Verarbeitung in Wasser eingelegt werden. Anschließend das Wasser abgießen und laut Rezept zubereiten. Das erhöht die Bekömmlichkeit

PORTIONEN
4

KCAL PRO PORTION
350

PROTEIN
12

BALLASTSTOFFE
9

FETT
8

KOHLENHYDRATE
58

MÖHRENNUDELN MIT RUCOLA

Zutaten

- 50 g Pinienkerne
- ½ Bund Basilikum
- 30 g Parmesan (30 % Fett i. Tr.)
- 800 g Möhren
- 1 Bund Rucola
- 1 EL Oregano
- 4 EL Olivenöl
- 100 ml Gemüsebrühe
- 250 g kleine Tomaten
- etwas Salz und Pfeffer

Zubereitung

Die Pinienkerne in einer heißen Pfanne ohne Fett bei mittlerer Hitze rösten. In der Zwischenzeit das Basilikum waschen, trocknen und die Blätter abzupfen und den Parmesan reiben. Die Hälfte der gerösteten Pinienkerne mit Basilikumblättern in einem Mörser zerreiben und mit Parmesan mischen, so dass eine homogene Soße entsteht.

Die Möhren waschen, schälen und mit einem Sparschäler in schmale lange Streifen schneiden. Den Rucola waschen und trocken schleudern.

Das Öl in einer großen Pfanne erhitzen. Die Möhrenstreifen darin bei mittlerer Hitze für ca. 4 Minuten anbraten. Anschließend mit der Brühe ablöschen und bei mittlerer Hitze schmoren lassen, bis die Flüssigkeit verkocht ist. Inzwischen die Tomaten waschen, trocknen und vierteln.

Die restlichen Pinienkerne zusammen mit den Tomaten zu den Möhren geben und alles zusammen für etwa 2 Minute dünsten und mit Oregano, Salz und Pfeffer abschmecken. Zum Schluss den Rucola und die Soße unterheben.

PORTIONEN
4

KCAL PRO PORTION
270

PROTEIN
9

BALLASTSTOFFE
8

FETT
19

KOHLENHYDRATE
17

ZUCCHINIKUCHEN

Zutaten

- 200 g Feta
- 150 g Zucchini,
- 1 EL Olivenöl zum Anbraten
- 80 ml Olivenöl zum Vermengen
- 150 g Dinkelmehl
- 1 Päckchen Backpulver
- 3 Eier
- 130 ml Milch
- etwas Salz und Pfeffer
- 100 g geriebener Käse
- 2 EL Kräuter deiner Wahl
- Etwas Öl und Mehl für die Formen
- Ofenfeste Förmchen

STÜCK
12

KCAL PRO PORTION
205

Zubereitung

Den Backofen auf 180°C Ober-/Unterhitze vorheizen und die ofenfesten Formen fetten und leicht mehlen. Den Feta in Würfel schneiden.
Die Zucchini waschen, abtrocknen und die Enden abschneiden. Längs halbieren und in dünne Scheiben schneiden.
Die Kräuter waschen, abtrocknen und klein hacken.

1 EL Olivenöl in eine heiße Pfanne geben und die Zucchini darin anbraten. Sobald sie gar sind herausnehmen und auf einem Küchenpapier gut abtropfen lassen.

Das Mehl und das Backpulver sieben.
Die Eier mit dem restlichen Olivenöl, der Milch und dem Salz und Pfeffer in einer Schüssel gut miteinander verrühren. Das Mehl nach und nach unterheben und den geriebenen Käse zufügen. Alles zusammen vorsichtig zu einem glatten Teig verrühren.
Den Feta, die Zucchini und die Kräuter dazugeben.

Den Teig gleichmäßig auf die ofenfesten Formen verteilen. Für etwas 30 bis 35 Minuten im Ofen backen.

PROTEIN
7

BALLASTSTOFFE
1

FETT
15

KOHLENHYDRATE
10

LINSENNUDEL-AUFLAUF

Zutaten

- 150 g Linsennudeln
- 1 kleiner Brokkoli
- 100 g kleine Tomaten
- 1 Zehe Knoblauch
- 1 TL Olivenöl
- 1 Dose Pizzatomaten
- 80 g Mozzarella
- etwas Salz und Pfeffer

Zubereitung

Den Backofen auf 180 °C Ober-/Unterhitze vorheizen und die Linsennudeln nach Packungsanweisung zubereiten.

Den Brokkoli waschen und in kleine Röschen schneiden. Den Strunk großzügig schälen und klein schneiden. Die Tomaten waschen und halbieren und den Knoblauch schälen und fein hacken.

Den Brokkoli kurz in kochendem Wasser blanchieren und abtropfen lassen. Das Öl in einer Pfanne erhitzen und den Knoblauch sowie den Brokkoli zugeben, kurz anschwitzen lassen und mit den Pizzatomaten ablöschen. Die kleinen Tomaten dazugeben und mit Salz und Pfeffer abschmecken.

Die Nudeln zusammen mit dem Gemüse in eine Auflaufform geben. Den Mozzarella in Stücke zupfen, auf dem Auflauf verteilen und im Backofen für ca. 15-20 Minuten backen, bis der Käse geschmolzen ist.

PORTIONEN
2

KCAL PRO PORTION
386

PROTEIN
20

BALLASTSTOFFE
8

FETT
10

KOHLENHYDRATE
38

OFENGEMÜSE MIT HÜTTENKÄSE

Zutaten

- 5 Kartoffeln
- 2 Möhren
- 1 Knolle Rote Bete
- 1 Zucchini
- 300 g Hokkaido-Kürbis
- 2 EL Olivenöl
- 200 g Hüttenkäse
- etwas Salz und Pfeffer
- etwas Rosmarin oder Thymian

Zubereitung

Den Backofen auf 200 Grad Ober-/Unterhitze vorheizen.

Die Kartoffeln sehr gut waschen oder schälen und in dünne Spalten schneiden. Die Möhren schälen, die Zucchini waschen und beides in Scheiben schneiden. Die Rote Bete schälen (am besten mit Handschuhen da sie stark färben), und ebenfalls in Scheiben schneiden.

Das Gemüse zusammen mit den Kartoffeln in einer großen Schüssel mit Olivenöl und Hüttenkäse vermischen. Mit Salz, Pfeffer und Kräutern würzen. Alles auf ein mit Backpapier ausgelegtem Backblech verteilen und im vorgeheizten Backofen für etwa 25-30 Minuten garen.

In der Zwischenzeit den Kürbis waschen und in feine Würfel schneiden. Etwa 10 Minuten vor Ende der Garzeit mit aufs Blech geben.

kleiner Tipp

Dieses Rezept kann endlos variiert werden. Es ist gerade keine Kürbiszeit? Dann nimm Süßkartoffeln oder ein paar Möhren mehr. Auch Fenchel und Auberginen lassen sich wunderbar im Ofen garen. Im Grunde bietet sich fast jedes Gemüse an. Der Hüttenkäse kann auch mit Kräutern verfeinert und erst hinterher als Dip zu dem Gemüse gereicht werden.

MEDITERRANER KARTOFFELSALAT

Zutaten

- 500 g festkochende Kartoffeln
- 1 Knoblauchzehe
- 120 ml Gemüsebrühe
- 3 EL Weißweinessig
- 120 g kleine Tomaten
- 4 getrocknete Tomaten
- 80 g Rucola
- 1 Handvoll Oliven ohne Stein
- etwas Basilikum
- 2 EL Pinienkerne
- 2 EL Olivenöl
- etwas Salz und Pfeffer

kleiner Tipp

Zu diesem Gericht passt auch sehr gut ein mit wenig Fett angebratenes Stück Hähnchenbrust oder weißer Fisch. Das hat jedoch Einfluss auf die Nährwerte

Zubereitung

Die Kartoffeln waschen und in leicht gesalzenem Wasser für ca. 20 Minuten gar kochen. Anschließend das Wasser abgießen und die Kartoffeln abkühlen lassen. Wenn die Kartoffeln kühl genug sind, können sie gepellt und in feine Scheiben geschnitten werden.
Den Knoblauch schälen und fein hacken.
Die Gemüsebrühe mit Weißweinessig und dem Knoblauch erwärmen und mit Salz und Pfeffer würzen.
Alles über die Kartoffeln gießen und zusammen für ca. 30 Minuten gut durchziehen lassen.
Währenddessen die kleinen Tomaten waschen und halbieren und die getrockneten Tomaten klein schneiden.
Den Rucola putzen, waschen und trocknen lassen. Die Oliven halbieren, das Basilikum waschen, trocknen lassen und die Blätter fein hacken.
Die Pinienkerne in einer Pfanne ohne Öl anrösten.
Alle Zutaten zu den Kartoffeln geben und vorsichtig vermengen. Den restlichen Essig mit dem Öl verrühren und unter den Salat mischen. Mit Salz und Pfeffer abschmecken.
Wer mag kann ein paar Rucola Blättchen und Pinienkerne zum Garnieren aufheben und erst ganz zum Schluss über den Salat geben.

PORTIONEN
2

KCAL PRO PORTION
428

PROTEIN
8

BALLASTSTOFFE
7

FETT
21

KOHLENHYDRATE
52

TOMATEN-PFIRSICH-SALAT

Zutaten

PORTIONEN
4

- 20 kleine Tomaten
- 2 Pfirsiche
- 1 Mozzarella
- 1 Handvoll frisches Basilikum
- 2 Esslöffel Olivenöl
- 1 Esslöffel Balsamico-Essig
- etwas Salz und Pfeffer

KCAL PRO PORTION
176

PROTEIN
5

Zubereitung

Die Tomaten und die Pfirsiche waschen und trocken tupfen.
Die Tomaten halbieren. Die Pfirsiche entkernen und in Spalten schneiden. Den Mozzarella vorsichtig in Stücke zupfen oder schneiden und alles zusammen in eine Schüssel geben.

BALLASTSTOFFE
1

Die Basilikumblätter von den Stielen zupfen, waschen, abtrocknen und über den Salat streuen.

FETT
14

Das Olivenöl, den Balsamico-Essig, Salz und Pfeffer vermengen und über den Salat geben und alles vorsichtig vermengen.

Hierzu passt hervorragend geröstetes Brot oder Ofengemüse.

KOHLENHYDRATE
6

ARTISCHOCKEN MIT DIPP

Zutaten

- 4 Artischocken
- 1 Zitrone

Zutaten für die Vinaigrette

- 6 EL Olivenöl
- 2 EL Weißweinessig
- 2 TL Senf
- 1 Knoblauchzehe
- etwas Salz und Pfeffer

PORTIONEN
4

KCAL
207

PROTEIN
8

BALLASTSTOFFE
32

FETT
16

KOHLENHYDRATE
9

Zubereitung

Die Zitrone halbieren und eine Hälfte auspressen.
Die Artischocken waschen, abtrocknen und den Stiel sowie die Blattspitzen abschneiden. Die Schnittstellen unmittelbar mit der einen Hälfte der Zitrone einreiben, damit die Stellen nicht braun werden. Die Artischocken nebeneinander in einen breiten Topf oder Bräter setzen und diesen bis zur Hälfte mit Wasser und dem ausgepressetem Zitronensaft aufgießen. Alles zusammen mit geschlossenem Deckel bei mittlerer Hitze für etwa 25 - 30 Minuten garen. Die Artischocken sind gar, sobald sich die Blätter leicht lösen lassen.

Den Knoblauch schälen, fein hacken und mit Essig, Senf, Salz und Pfeffer zu einer Marinade verrühren. Anschließend das Öl mit dem Schneebesen unterschlagen.
Sobald die Artischocken gar sind, diese aus dem Topf nehmen, gut abtropfen lassen und zusammen mit der Vinaigrette servieren.

kleiner Tipp

Von der Artischocke ist nur das Fruchtfleisch genießbar. Dieses sitzt im unteren Teil jedes Blattes und als Herz der Artischocke im unteren Teil der gesamten Frucht. Um daran zu kommen, werden die Blätter abgezogen. Diese können in die Vinaigrette gedippt und das Fruchtfleisch unten abgezogen werden. Wenn alle Blätter entfernt sind, ist das Artischockenherz freigelegt und kann mit Messer und Gabel verzehrt werden.

ROTE BETE SUPPE MIT ORANGEN

Zutaten

- 500 g Rote Bete (fertig gegart)
- 3 Schalotten
- 2 Orangen
- 2 EL Olivenöl
- 600 ml Gemüsebrühe
- 125 ml Sojacreme oder saure Sahne
- etwas Salz und Pfeffer

Zubereitung

Die Schalotten schälen und fein würfeln.
Die Orangen filetieren und den Saft dabei auffangen. Die übriggebliebenen Trennhäute der Orangen auspressen und den gesammelten Saft zur Seite stellen.

Das Öl in einem Topf erhitzen und die Schalotten darin bei mittlerer Hitze glasig dünsten.
Die Rote Bete klein schneiden, zu den Zwiebeln geben und weitere 2 Minuten andünsten. Mit dem Orangensaft ablöschen und die Gemüsebrühe dazugeben. Bei mittlerer Hitze für etwa 15 Minuten köcheln lassen.

Die Hälfte der Orangenfilets in die Rote-Bete-Suppe geben und alles mit einem Stabmixer fein pürieren. Die Sahne oder Sojacreme dazu gießen und erneut kurz aufkochen lassen. Mit Salz und Pfeffer abschmecken. Die Rote-Bete-Suppe in Schüsseln geben und mit den restlichen Orangenfilets garniert servieren.

kleiner Tipp

Rote Bete kann stark abfärben. Daher am besten bei der Zubereitung Handschuhe tragen und auf die Arbeitsfläche achten.

PORTIONEN
4

KCAL PRO PORTION
209

PROTEIN
5

BALLASTSTOFFE
6

FETT
11

KOHLENHYDRATE
22

GEMÜSEEINTOPF

Zutaten

- 1 Dose große weiße Bohnen
- 2 Möhren
- 1 Zucchini
- 1 Aubergine
- 2 Lauchzwiebeln
- 1 Orange
- 1 EL Olivenöl
- etwas Tomatenmark
- 400 ml Gemüsebrühe
- etwas Petersilie
- 4 EL Pesto
- etwas Salz und Pfeffer

Zubereitung

Bohnen abgießen und abspülen. Die Möhren schälen und die Zucchini, die Aubergine und die Lauchzwiebeln waschen. Alles zusammen in feine Scheiben schneiden. Die Orange halbieren und den Saft auspressen.

Das Olivenöl in einem großen Topf erhitzen und das Tomatenmark darin anbraten. Sobald es leicht karamellisiert, das Gemüse hinzugeben und kurz andünsten. Mit der Brühe und dem Orangensaft ablöschen. Bohnen dazugeben und mit Salz und Pfeffer würzen.
Alles zusammen für ca. 15 Minuten köcheln lassen.

Anschließend mit Salz und Pfeffer abschmecken.
Zusammen mit der Petersilie und dem Pesto servieren.

kleiner Tipp

Das Pesto kann wie im Rezept „Kichererbsennudeln mit Pesto" zubereitet werden, oder fertig gekauft werden. Siehe hierzu den Tipp im entsprechenden Rezept.

PORTIONEN
2

KCAL PRO PORTION
380

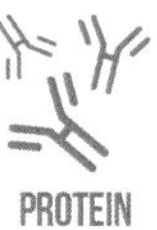

PROTEIN
12

BALLASTSTOFFE
12

FETT
16

KOHLENHYDRATE
47

PIZZA AUS KARTOFFELTEIG

Zubereitung

Den Backofen auf 180°C Umluft vorheizen.
Die gekochten Kartoffeln zerdrücken. Die Süßkartoffeln schälen und mit Hilfe einer Gemüsereibe reiben. Die Mandeln, das Ei, das Oregano und etwas Salz zu den zerdrückten Kartoffeln geben und alles miteinander zu einer homogenen Masse verrühren.
Den Teig auf zwei mit Backpapier ausgelegten Backbleche verteilen und zu runden, ca. 0,5 bis ein Zentimeter dicke Fladen verteilen.
Zusammen für etwa 20 Minuten in den Ofen geben.

In der Zwischenzeit den gewünschten Belag vorbereiten.

Die Pizzaböden aus dem Ofen nehmen und mit den passierten Tomaten bestreichen. Den gewünschten Belag darauf verteilen, den Käse drüberstreuen und für etwa 8 bis 10 Minuten im Ofen fertigbacken.

Zutaten

- 250 g gekochte Kartoffeln vom Vortag
- 180 g Süßkartoffeln
- 100 g gemahlene Mandeln
- 1 Ei
- 2 EL Oregano
- etwas Salz
- 200 g passierte Tomaten
- 200 g Käse
- Belag nach Wahl

Kleiner Tipp

Wenn die Pizza nach dem Backen kurze Zeit auskühlen kann, lässt sich der Teig leichter vom Backpapier lösen.

PORTIONEN
2

KCAL PRO PORTION
830

PROTEIN
37

BALLASTSTOFFE
11

FETT
55

KOHLENHYDRATE
42

LINSEN-MANGOSALAT

PORTIONEN
2

KCAL PRO PORTION
484

PROTEIN
12

BALLASTSTOFFE
13

FETT
28

KOHLENHYDRATE
46

Zubereitung

Die Linsen in einem Sieb waschen und in Gemüsebrühe nach Angaben des Herstellers bissfest kochen. Anschließend das Wasser abgießen und die Linsen abkühlen lassen.

Die Paprika entkernen und würfeln, die Mango schälen und das Fruchtfleisch ebenfalls würfeln. Die Lauchzwiebeln waschen und in Ringe schneiden.

Die Peperoni waschen, entkernen und halbieren. Mit Essig, Honig und Salz pürieren und das Olivenöl unterrühren. Die Vinaigrette zu den Linsen geben und durchmischen.

Anschließend die Paprika und die Mango vorsichtig unterheben. Alles ein paar Minuten durchziehen lassen.
Währenddessen die Petersilie waschen, trocknen und die Blätter abzupfen.

Die Ziegenkäsetaler auf den Salat legen und mit der Petersilie garnieren.

Zutaten für den Salat

- 150 g rote Linsen
- 300 ml Gemüsebrühe
- 1 Bund Lauchzwiebeln
- 2 Paprika
- 1 Mango

Zutaten für die Vinaigrette

- 2 kleine rote Peperoni
- 2 EL Weißweinessig
- 1 TL Honig
- 3 EL Olivenöl
- 80 g (4 Taler) Ziegenfrischkäse
- 0.5 Bund Petersilie
- etwas Salz und Pfeffer

LINSEN-HIRSE-SALAT

PORTIONEN
2

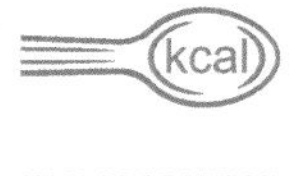

KCAL PRO PORTION
395

PROTEIN
9

BALLASTSTOFFE
7

FETT
22

KOHLENHYDRATE
40

Zutaten

- 70 g Hirse
- 60 g Linsen
- 80 g TK-Erbsen
- 100 g kleine Tomaten
- 3 EL Olivenöl
- 1 EL weißer Balsamico-Essig
- 1 TL Honig
- 1 EL Senf
- etwas Minze
- etwas Salz und Pfeffer

Zubereitung

Die Hirse unter fließendem Wasser waschen und nach Packungsanweisung zubereiten. Die Linsen nach Packungsanweisung kochen.
Die Erbsen in einem Topf mit kochendem Wasser kurz blanchieren. Die Tomaten waschen und halbieren.
Das Olivenöl mit dem Essig, dem Honig und dem Senf vermengen und zu einer homogenen Masse verrühren. Anschließend mit Salz und Pfeffer würzen.
Die Hirse zusammen mit den Linsen, den Erbsen und den Tomaten in eine Schüssel geben und alles zusammen vorsichtig vermengen. Anschließend das Dressing unterrühren. Mit gehackter Minze bestreut servieren.

Kleiner Tipp

Dieses Gericht lässt sich gut mit Hähnchen oder Fisch ergänzen.

OFENRISOTTO

PORTIONEN

4

KCAL PRO PORTION

414

PROTEIN

12

BALLASTSTOFFE

7

FETT

10

KOHLENHYDRATE

60

ZUTATEN

- 1 Zwiebel
- 1 Knoblauchzehe
- 4 mittelgroße Möhren
- 1 kleiner Hokkaidokürbis
- 2 EL Olivenöl
- 250 g Risottoreis
- 200 ml Weißwein
- 700 ml Gemüsebrühe
- 50 g Parmesan
- 25 g Petersilie
- etwas schwarzer Pfeffer

ZUBEREITUNG

Den Backofen auf 200°C Ober-/Unterhitze vorheizen.

Die Zwiebeln, den Knoblauch und die Möhren schälen und in feine Würfel schneiden. Den Kürbis waschen, entkernen und in schmale Spalten schneiden.

Das Olivenöl in einem ofenfesten Bräter oder Schmortopf auf dem Herd erhitzen. Die Zwiebel- und die Knoblauchwürfel darin glasig anschwitzen. Die Möhren und den Reis dazugeben und kurz mit andünsten. Alles mit Weißwein ablöschen und einmal aufkochen lassen. Anschließend die Brühe angießen und erneut kurz aufkochen lassen. Die Kürbisscheiben dazulegen und den Topf zugedeckt für insgesamt 30 Minuten auf der unteren Schiene im vorgeheizten Ofen garen lassen.

Etwa 5 Minuten vor Ende der Garzeit den Deckel abnehmen und gegebenenfalls noch etwas Gemüsebrühe nachgießen. Etwa die Hälfte des Parmesans reiben und über das Risotto geben. Das Risotto für die letzten 5 Minuten ohne Deckel zu Ende garen lassen.

Den Topf aus dem Ofen nehmen und das Risotto mit Pfeffer und Petersilie abschmecken.

Den restlichen Parmesan reiben und zusammen mit dem Risotto servieren.

GRIECHISCHER SALAT MIT KICHERERBSEN

Zubereitung

Die Gurke, die Paprika, die Peperoni und die Tomaten waschen, abtrocknen und in mundgerechte Stücke schneiden. Die Zwiebel schälen, halbieren und in Streifen schneiden. Die Kichererbsen, so wie die Oliven in einem Sieb abgießen, kalt abspülen und abtropfen lassen.

Alles miteinander in einer großen Schüssel vermengen.
Das Olivenöl mit dem Zitronensaft verquirlen, mit Salz und Pfeffer abschmecken und über den Salat geben. Alles noch einmal miteinander vermengen.

Den Ziegenkäse zerbröseln, über den Salat streuen und zusammen mit dem Fladenbrot servieren.

Zutaten

- 1 Gurke
- 1 rote Spitzpaprika
- 200 g kleine Tomaten
- 1 Zwiebel
- 1 EL Oregano
- 400 g Kichererbsen (fertig gegart)
- 8 Peperoni
- 150 g Oliven
- 4 EL Olivenöl
- 2 EL Zitronensaft
- etwas Salz und Pfeffer
- 150 g Feta
- 1 Fladenbrot

PORTIONEN
4

KCAL PRO PORTION
326

PROTEIN
15

BALLASTSTOFFE
31

FETT
13

KOHLENHYDRATE
38

GNOCCHIPFANNE

PORTIONEN
4

KCAL PRO PORTION
410

PROTEIN
22

BALLASTSTOFFE
7

FETT
10

KOHLENHYDRATE
60

Zubereitung

Die Gnocchi nach Packungsanweisung kochen.
Die Brühe kurz aufkochen lassen, über das Geschnetzelte gießen und für ca. 10 Minuten quellen lassen.

In der Zwischenzeit die Zwiebel schälen und in Spalten schneiden. Den Knoblauch schälen und hacken, die Zucchini waschen, abtrocknen und in Scheiben schneiden, die Paprika waschen, abtrocknen und würfeln und die Pilze putzen, trocknen und vierteln.

Das Granulat abgießen und abtropfen lassen. Das Öl in einer großen Pfanne erhitzen und das Granulat darin anbraten. Die Zucchini, die Paprika, die Pilze und die Zwiebel dazugeben und für etwa 8 Minuten mitbraten. Anschließend den Knoblauch und die Gnocchi dazugeben und alles zusammen für weitere 3 Minuten weiterbraten.

Mit Salz, Pfeffer, Paprika und Sojasoße abschmecken.

Zutaten

- 500 g Gnocchi
- 300 g Gemüsebrühe
- 100 g Erbsen- oder Soja-geschnetzeltes zum Quellen
- 1 rote Zwiebel
- 1 Zehe Knoblauch
- 1 Zucchini
- 1 Paprika
- 250 g Champignons
- 2 EL Olivenöl
- etwas Salz und Pfeffer
- etwas Paprikapulver
- 1 EL Sojasoße

ERBSENNUDELN IN SPINATSOSSE

Zutaten

- 400 g Nudeln aus grünen Erbsen
- 2 EL weißes Mandelmus
- 1 EL Zitronensaft
- 20 kleine Tomaten
- etwas Salz und Pfeffer
- 400 g Blattspinat (frisch oder TK)
- 1 Zwiebel
- 1 Knoblauchzehe
- 1 EL Olivenöl
- 1 Prise Muskatnuss

Zubereitung

Den Spinat gegebenenfalls antauen lassen, oder waschen und trocknen.
Die Zwiebeln und den Knoblauch schälen und fein würfeln.

Das Öl in einer Pfanne erhitzen, die Zwiebeln und den Knoblauch darin andünsten. Den Spinat etwas zerpflücken, in die Pfanne geben und ebenfalls andünsten lassen. Mit Salz, Pfeffer und Muskat würzen.

Die Erbsennudeln nach Packungsanweisung in kochendem leicht gesalzenem Wasser garen.

Das Mandelmus mit Zitronensaft und einem Schuss Wasser verrühren und zum Spinat geben. Kurz köcheln lassen.

Die Tomaten waschen und halbieren. Die Nudeln zusammen mit der Spinatsoße vermengen.
Zum Anrichten mit den Tomaten garnieren.

PORTIONEN
2

KCAL
395

PROTEIN
17

BALLASTSTOFFE
10

FETT
14

KOHLENHYDRATE
53

GEMÜSE-WRAPS

Zubereitung

Die Möhren und die Gurke waschen, schälen und in dünne Streifen hobeln. Den Spinat waschen und abtrocknen.
Den Mozzarella würfeln. Den Frischkäse mit Salz und Pfeffer abschmecken.

Die Tortillas auf einen Teller legen und mit dem Frischkäse bestreichen. Den Spinat, die Möhre, die Gurken und den Mozzarella auf dem Fladen verteilen.

Eine Seite des Fladens etwa bis ¼ zur Mitte hin vorsichtig einknicken. Von der danebenliegenden Seite aus den Fladen komplett zu einem Wrap einrollen.

kleiner Tipp

Wraps sind super vielfältig. Ergänzen kann man sie mit allem was einem schmeckt. Magere Hähnchenbrust, Kichererbsen oder Salat. Alles ist möglich.
Zum Sofortessen schmeckt er noch besser, wenn er kurz erwärmt wird. Er ist aber auch super als Mealprep für unterwegs geeignet.

Zutaten

- 2 Tortilla-Fladen
- 2 Möhren
- 1 Gurke
- 2 Handvoll Babyspinat
- 8 EL körniger Frischkäse
- 120 g Mozzarella
- etwas Salz und Pfeffer

PORTIONEN
2

KCAL
442

PROTEIN
22

BALLASTSTOFFE
2

FETT
22

KOHLENHYDRATE
36

FENCHEL-ORANGEN-SALAT

Zutaten

- 2 mittelgroße Fenchelknollen
- 3 Orangen
- 3 EL Olivenöl
- Saft von 1 Zitrone
- 1 EL Honig
- etwas Salz und Pfeffer
- 2 Esslöffel Kräuter wie Petersilie, Kerbel oder Minze

PORTIONEN
4

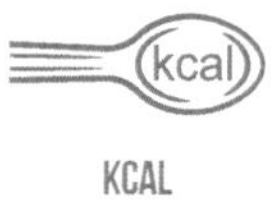

KCAL
169

PROTEIN
1

BALLASTSTOFFE
4

FETT
10

KOHLENHYDRATE
20

Zubereitung

Die äußeren Blätter der Fenchelknollen entfernen und die Enden abschneiden. Die Knollen längs halbieren und den harten Kern herausschneiden. Die Hälften in dünne Scheiben schneiden oder hobeln. Das Fenchelkraut abziehen, waschen, trocknen und zum Garnieren Beiseite stellen.

Die Orangen schälen, dabei alle weißen Hautreste entfernen und filetieren. Zusammen mit dem Fenchel in eine große Schüssel geben.

Das Olivenöl, den Zitronensaft, den Honig, Salz und Pfeffer zusammengeben und zu einer homogenen Soße verrühren. Das Dressing über den Fenchel und die Orangen gießen. Vermengen und für etwa 20 Minuten ziehen lassen:

Mit dem Fenchelkraut und den übrigen Kräutern garnieren.

kleiner Tipp

Dieser Salat ist eine großartige Beilage zu gegrilltem Fisch oder Huhn, oder kann als leichtes Mittagessen genossen werden.

SÜSSKARTOFFELSALAT MIT NEKTARINEN UND FETA

Zubereitung

Die Süßkartoffeln schälen, in kleine Scheiben oder Würfel schneiden und in siedendem Wasser kurz blanchieren, bis sie gar sind. Anschließend das Wasser abgießen und die Süßkartoffeln Beiseite stellen.
In der Zwischenzeit die Nektarinen waschen, halbieren, entkernen und in Spalten schneiden.

Das Olivenöl in einer Pfanne erhitzen und die Süßkartoffelwürfel zusammen mit den Nektarinen darin anbraten .Die Tomaten waschen und halbieren und den Salat waschen und trocken schütteln. Die Süßkartoffeln, die Tomaten, die Nektarinen und den Salat zusammen vorsichtig vermengen.

Das Olivenöl, den Balsamico Essig, den Limettensaft und den Honig zusammen mit den Gewürzen in einer Schüssel zu einer homogenen Masse verrühren und anschließend mit dem Salat vermischen.
Den Fetakäse zum Schluss über den Salat streuen und servieren.

Zutaten für den Salat

- 300 g Süßkartoffeln
- 200 g Feta light
- 100 g gemischter Salat
- 200 g kleine Tomaten
- 2 Nektarinen
- 2 TL Olivenöl

Zutaten für das Dressing

- 1 EL Olivenöl
- 1 EL Balsamico Essig
- 1 EL Limettensaft
- etwas Honig
- etwas Salz und Pfeffer
- Gewürze nach Wahl

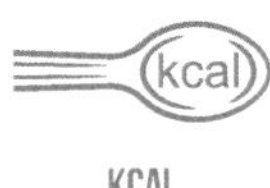

PORTIONEN	KCAL	PROTEIN	BALLASTSTOFFE	FETT	KOHLENHYDRATE
2	499	16	7	14	53

Fleisch

WARMER FELDSALAT MIT HÄHNCHENBRUST

ZUTATEN

- 2 Hähnchenbrustfilets
- 180 g Feldsalat
- 1 Knolle fertige rote Bete (vakuumiert)
- 1 Birne oder 1 Apfel
- 2 Schalotten
- 1 Handvoll Walnüsse oder andere Nüsse
- 2 EL Olivenöl
- 1 EL Zucker
- 50 ml Gemüsebrühe
- 1 EL Balsamico-Essig
- etwas Salz und Pfeffer

ZUBEREITUNG

Den Feldsalat waschen und trocknen. Die Rote Bete in Würfel schneiden. Die Birne bzw. den Apfel waschen, das Kerngehäuse entfernen und ebenfalls würfeln. Die Schalotten schälen und klein schneiden und die Walnusskerne grob hacken.

Die Schalotten in einem EL Öl in einer Pfanne anschwitzen. Den Zucker dazugeben und leicht karamellisieren lassen. Mit der Gemüsebrühe und dem Essig ablöschen. Die Birnen, den Feldsalat und die Rote Bete unterheben. Mit Salz und Pfeffer abschmecken.

Die Hähnchenbrust in einem EL Öl in einer Pfanne gut durchbraten. Mit Salz und Pfeffer würzen. Den Feldsalat mit den Nüssen bestreuen und zusammen mit der Hähnchenbrust anrichten.

KLEINER TIPP

Beim Zubereiten der Rote Bete sollten unbedingt Handschuhe getragen werden, da sie stark abfärbt.

Du hast keine Lust auf Fleisch? Schau mal nach Fleischersatzprodukten. In den Kühltheken unserer Supermärkte gibt es teilweise tolle Produkte auf Erbsenbasis. Hier gilt normalerweise; je weniger Zutaten auf der Zutatenliste, desto empfehlenswerter ist das Produkt.

HÄHNCHENBRUSTFILET AUF RATATOUILLE-GEMÜSE

Zubereitung

Die Zwiebeln und den Knoblauch schälen und klein schneiden. Das restliche Gemüse putzen, waschen und in Würfel schneiden.

Vier EL Olivenöl in einer Pfanne erhitzen und die Hähnchenbrustfilets darin gut durchbraten und mit Salz und Pfeffer würzen.
Den Thymian und den Rosmarin waschen, trocknen, die Blätter von den Stielen zupfen und grob hacken.

Das restliche Olivenöl in einem Schmortopf erhitzen, das geschnittene Gemüse zusammen mit dem Knoblauch, den Lorbeerblättern und den Kräutern hinzufügen. Alles zusammen anbraten und unter mehrmaligem Wenden etwa 6 Minuten lang schmoren lassen. Anschließend mit dem Wein und der Brühe ablöschen. Salz und Pfeffer dazugeben und weitere 5 Minuten schmoren lassen.

Die Lorbeerblätter herausnehmen und zusammen mit dem Fleisch servieren

Zutaten

- 4 Hähnchenbrustfilets
- 1 Gemüsezwiebel
- 1 rote Paprika
- 1 gelbe Paprika
- 400 g Tomaten
- 2 Zucchini
- 1 Aubergine
- 4 Knoblauchzehen
- 6 EL Olivenöl
- etwas Thymian
- etwas Rosmarin
- 4 Lorbeerblätter
- 200 ml Weißwein
- 150 ml Gemüsebrühe
- etwas Salz und Pfeffer

PORTIONEN
4

KCAL
215

PROTEIN
60

BALLASTSTOFFE
5

FETT
6

KOHLENHYDRATE
9

HÄHNCHENBRUST SALAT MIT HONIG-SENF-DRESSING

Zutaten

- 300 g Hähnchenbrustfilets
- 400 g Weißkohl
- 1 Paprika
- etwas Zitronensaft
- etwas Honig
- etwas Currypulver
- 100 g Naturjoghurt
- 1 TL Senf
- 1 EL Olivenöl
- etwas Koriander

PORTIONEN
2

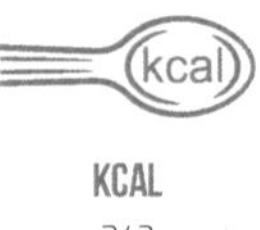

KCAL
243

PROTEIN
22

BALLASTSTOFFE
4

FETT
10

KOHLENHYDRATE
35

Zubereitung

Die Hähnchenbrust in einem EL Öl in einer Pfanne gut durchbraten. Mit Salz und Pfeffer würzen.

Den Weißkohl putzen, halbieren, den Strunk entfernen und in feine Streifen schneiden. Diese in einer Schüssel mit Salz gut verkneten und für ca. 10 Minuten ziehen lassen. Anschließend die überschüssige Flüssigkeit ausdrücken.

Die Paprika waschen, entkernen und in dünne Streifen schneiden. Den Zitronensaft zusammen mit dem Honig und dem Curry kurz in einem Topf erhitzen. Anschließend mit dem Joghurt und dem Senf in einer großen Schüssel verrühren.
Den Weißkohl zusammen mit der Paprika unterheben und etwas ziehen lassen.

In der Zwischenzeit den Koriander waschen, trocknen, die Blätter vom Stiel zupfen und fein hacken und die Hähnchenbrustfilets würfeln.
Den Salat mit dem Koriander bestreuen und zusammen mit der Hähnchenbrust servieren.

GEBACKENES HÄHNCHEN

Zubereitung

Den Ofen auf 200 Grad Celsius vorheizen.

Die Hähnchenbrustfilets leicht mit Salz, Pfeffer, Paprikapulver und Knoblauchpulver würzen.

Das Gemüse waschen und in Stücke schneiden. Die Zitrone heiß abspülen und in Scheiben schneiden.

Eine Auflaufform mit Olivenöl einfetten. Die gewürzten Hähnchenbrustfilets in die Mitte der Form legen und das geschnittene Gemüse herum verteilen.

Die frischen Kräuter über das Hähnchen und das Gemüse streuen und die Zitronenscheiben auf das Hähnchen legen.

Die Auflaufform in den vorgeheizten Ofen stellen und für etwa 20-25 Minuten backen, bis das Hähnchen durchgegart und das Gemüse zart ist.

Sobald das Gericht fertig ist, aus dem Ofen nehmen und kurz ruhen lassen. Dann servieren und genießen!

Zutaten

- 2 Hähnchenbrustfilets
- 2 Tassen gemischtes Gemüse nach Wahl (z.B. Brokkoli, Paprika, Zucchini)
- 1 EL Olivenöl
- 1 TL Paprikapulver
- 1 TL Knoblauchpulver
- etwas Salz und Pfeffer
- frische Kräuter
- 1 Zitrone

PORTIONEN
2

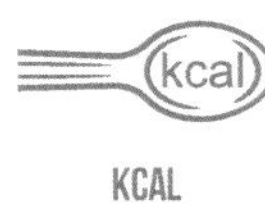

KCAL
340

PROTEIN
22

BALLASTSTOFFE
3

FETT
7

KOHLENHYDRATE
7

ALLUMÉ

Fisch

FISCHPFANNE MIT FRÜHLINGSGEMÜSE

Zutaten

- 1 Zwiebel
- 1 Stange Lauch
- 2 Möhren
- 1 Kohlrabi
- 200 g Zuckerschoten
- 2 EL Olivenöl
- etwas Salz und Pfeffer
- 300 ml Gemüsebrühe
- 240 g Fischfilet
- 2 EL Zitronensaft
- 3 EL saure Sahne
- 100 g Magerquark
- 100 g Naturjoghurt
- etwas Dill

Zubereitung

Die Zwiebeln schälen und in kleine Würfel schneiden. Den Lauch, die Möhren und den Kohlrabi waschen, schälen und in dünne Streifen schneiden und die Zuckerschoten waschen.

Das Öl in einer Pfanne erhitzen und die Zwiebel und den Lauch darin andünsten. Anschließend die Möhren und den Kohlrabi dazugeben und mit Salz und Pfeffer würzen. Mit der Gemüsebrühe ablöschen.

Das Fischfilet mit Zitronensaft beträufeln und mit Salz und Pfeffer würzen. Anschließend auf das Gemüse setzen und alles zusammen zugedeckt dünsten lassen. Nach etwa 10 Minuten die Zuckerschoten hinzufügen und für weitere 5 Minuten mit dünsten.

In der Zwischenzeit die saure Sahne mit dem Magerquark und dem Joghurt verrühren. Den Dill waschen und abtrocknen und die Spitzen klein hacken. Den Dill unter die Sauerrahm-Mischung rühren und mit etwas Zitronensaft, Salz und Pfeffer würzen.

Den Fisch zusammen mit dem Gemüse und der Dillsoße servieren.

PORTIONEN
2

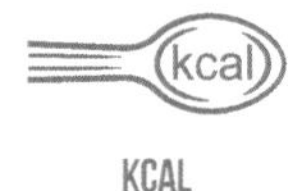

KCAL
498

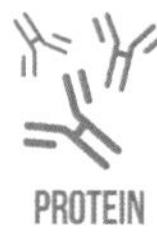

PROTEIN
37

BALLASTSTOFFE
8

FETT
26

KOHLENHYDRATE
36

LACHSFILET AUF GURKEN-FENCHEL-SALAT

Zubereitung

Die Möhren, den Fenchel und die Gurke waschen, gegebenenfalls schälen, in dünne Streifen hobeln und zu einem Salat vermengen.

Für das Dressing eine Zitrone auspressen, mit der Süße verrühren und mit Salz und Pfeffer abschmecken. Anschließend über den Salat geben, alles zusammen durchmischen und kurz ziehen lassen.

Währenddessen die zweite Zitrone auspressen und den Lachs damit beträufeln und mit Salz würzen. Anschließend das Olivenöl in einer Pfanne erhitzen und den Lachs darin anbraten, bis er goldbraun ist.

Die Petersilie waschen und fein hacken. Das Lachsfilet zusammen mit dem Salat anrichten und mit der Petersilie und dem Sesam garnieren.

Zutaten

- 1 Fenchel
- 4 Möhren
- 1 Gurke
- etwas Salz und Pfeffer
- 2 Zitronen
- 2 EL Süße wie z.B. Agavendicksaft
- 4 Lachsfilets
- 2 EL Olivenöl
- 2 EL Sesam

PORTIONEN
4

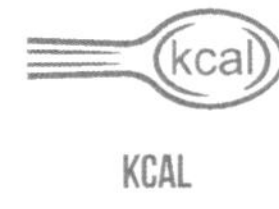

KCAL
520

PROTEIN
41

BALLASTSTOFFE
2

FETT
34

KOHLENHYDRATE
17

FISCHFILET IM GEMÜSEPÄCKCHEN

Zutaten

- 300 g Fischfilet
- etwas Salz und Pfeffer
- Kräuter der Provence
- etwas Zitronensaft
- 1 EL Olivenöl
- 4 Möhren
- 2 Stangen Lauch
- Backpapier

kleiner Tipp

Dieses Gericht kann super mit verschiedenen Fisch- und Gemüsesorten variiert werden.

Zubereitung

Den Ofen auf 180 Grad Celsius vorheizen.

Das Fischfilet mit etwas Salz, Pfeffer und den Kräutern würzen.

Den Zitronensaft und das Olivenöl zusammen mit dem Salz und weiteren Kräutern der Provence verrühren. Das Gemüse waschen, schälen und in feine Streifen schneiden. Mit der Zitronen-Öl-Mischung vermengen.

Das Backpapier halbieren und das Gemüse portionsweise mittig auf jeweils einem halbierten Backpapierstreifen verteilen. Jeweils ein Fischfilet darauflegen.

Das Backpapier zusammenfalten und eventuell mit Küchengarn zusammenbinden.
In der Mitte des Ofens für ca. 25-35 Minuten garen.

PORTIONEN
2

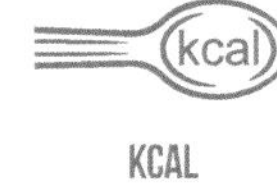

KCAL
491

PROTEIN
71

BALLASTSTOFFE
7

FETT
11

KOHLENHYDRATE
28

BROKKOLICREMESUPPE MIT LACHSSTREIFEN

Zutaten

- 500 g Brokkoli
- 2 Schalotten
- 1 TL Olivenöl
- 500 ml Gemüsebrühe
- 100 g saure Sahne
- 100 g Räucherlachs
- etwas Salz und Pfeffer

PORTIONEN
2

KCAL
330

PROTEIN
17

BALLASTSTOFFE
6

FETT
18

KOHLENHYDRATE
24

Zubereitung

Ofen auf 180 °C (Ober-/Unterhitze) vorheizen.
Den Brokkoli waschen. Die Röschen abziehen und teilen den und Strunk schälen und würfeln. Die Schalotten schälen und in Würfel schneiden.

In einen Topf das Öl auf mittlerer Stufe erhitzen. Die Zwiebeln und den Brokkoli darin für etwa 5 Minuten andünsten und anschließend mit der Gemüsebrühe ablöschen. Zugedeckt für ca. 15 Minuten garen.

Einige Brokkoliröschen aus dem Topf nehmen und zur Seite stellen. Das gekochte Gemüse fein pürieren und die saure Sahne unterrühren. Mit Salz und Pfeffer abschmecken. Die beiseite gestellten Brokkoliröschen wieder in die Suppe geben.

Die Suppe auf tiefen Tellern verteilen. Die Lachsstreifen gegebenenfalls etwas auseinanderziehen oder in lockere Röllchen auf die Suppe legen und servieren.

BROKKOLI-LINSEN-SALAT MIT MAKRELE

PORTIONEN
2

KCAL PRO PORTION
500

PROTEIN
23

BALLASTSTOFFE
14

FETT
28

KOHLENHYDRATE
40

Zutaten

- 150 g geräuchertes Makrelenfilet
- 300 g Brokkoli
- 240 g Linsen
- 125 g kleine Tomaten
- 2 Schalotten
- 60 ml Orangensaft
- 2 EL Weißwein-Essig
- 2 EL Olivenöl
- 1 TL geriebener Meerrettich
- etwas Salz und Pfeffer
- etwas Basilikum

Zubereitung

Die Linsen laut der Verpackungsanleitung garen.

Den Brokkoli waschen und die Röschen abziehen. Den Stiel großzügig schälen und in feine Streifen schneiden.
Die Schalotten schälen und in kleine Würfel schneiden.
Das Öl in einem großen Topf erhitzen und die Schalotten darin glasig dünsten. Den Brokkoli für eine Minute mit anbraten und anschließend mit dem Orangensaft und dem Essig ablöschen. Alles kurz aufkochen lassen und bei mittlerer Hitze für etwa 3 Minuten dünsten. Vom Herd nehmen und mit Salz, Pfeffer und Meerrettich abschmecken.

Die Tomaten waschen und halbieren. Die gekochten Linsen und die Tomaten vorsichtig unter den Brokkoli mischen. Das Basilikum waschen, abtrocknen und die Blätter abzupfen. Das Makrelenfilet häuten, in Stücke schneiden und auf den Linsensalat geben. Mit Basilikum bestreuen und servieren.

Süßes

BEERENCRUMBLE

Zutaten für die Beeren

- 300 g Beeren
- 1 EL Zitronensaft
- Mark einer halben Vanilleschote

Zutaten für den Crumble

- 60 g Haferflocken
- 5 EL gehackte Nüsse
- 2 EL pflanzliche Margarine
- Mark einer halben Vanilleschote
- etwas Salz
- 1 TL Honig

Zubereitung

Den Backofen auf 180°C Ober- Unterhitze vorheizen. Die Beeren zusammen mit dem Zitronensaft und dem Vanillemark vorsichtig vermengen und in eine ofenfeste Form geben.

Alle Zutaten für den Crumble mit den Händen zu einer krümeligen Masse verkneten und über die Beeren streuen. Eventuell ein paar der Nüsse als Topping zurückhalten und erst ganz am Ende dazugeben.

Für 40 Minuten im vorgeheizten Ofen backen lassen.

PORTION
4

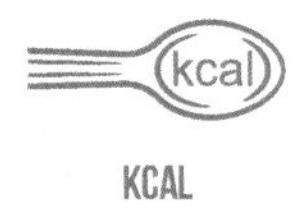

KCAL
220

PROTEIN
4

BALLASTSTOFFE
5

FETT
13

KOHLENHYDRATE
17

BANANENBROT

Zubereitung

Den Ofen auf 180°C (Umluft) vorheizen und eine Kastenform mit Backpapier auskleiden.
Die Bananen schälen und in einer großen Schüssel mit einer Gabel gut zerdrücken.
Die Eier, das Öl, den Honig oder Ahornsirup und den Vanilleextrakt hinzufügen und gut miteinander verrühren.
In einer separaten Schüssel die Haferflocken, das Mehl, Backpulver, Natron, Zimt und etwas Salz vermengen und zu der Bananenmischung geben. Vorsichtig und nur so lange vermengen, dass die Zutaten so gerade miteinander vermischt sind.
Zum Schluss die gehackten Nüsse oder Schokoladenstückchen dazugeben.
Den Teig in die vorbereitete Kastenform gießen und glattstreichen.
Für etwa 50 Minuten im Ofen goldbraun backen.

Zutaten

- 3 reife Bananen
- 2 Eier
- 60 ml Kokosöl oder Rapsöl
- 60 ml Honig oder Ahornsirup
- 1 Teelöffel Vanilleextrakt
- 150 g Haferflocken
- 60 g Dinkelmehl
- 1 TL Backpulver
- 1/2 TL Natron
- 1/2 TL Zimt
- etwas Salz
- 60 g gehackte Nüsse oder Schokoladenstückchen

STÜCK
12

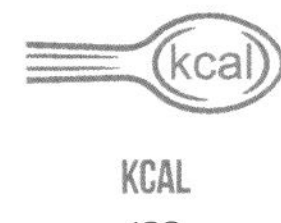

KCAL
180

PROTEIN
5

BALLASTSTOFFE
5

FETT
7

KOHLENHYDRATE
32

QUARKBRÖTCHEN (GRUNDREZEPT)

Zutaten

- 400 g Dinkelmehl
- 250 g Magerquark oder 200 g Quark auf pflanzlicher Basis
- 180 ml Milch oder Pflanzendrink
- 4 EL Pflanzenöl
- 3 TL Backpulver

Kleiner Tipp

Bei diesem Grundrezept sind für die Variationen keine Grenzen gesetzt. Sie können als herzhafte Variante mit Kräutern, groben Salz und Kerne verfeinert werden oder als süße Variante mit Schokodrops, Rosinen und Honig.

Zubereitung

Den Backofen auf 175° C Ober- Unterhitze vorheizen.

Den Quark zusammen mit der Milch und dem Pflanzenöl in einer Schüssel grob vermengen. Das Mehl sieben, das Backpulver hinzugeben und zu den anderen Zutaten in die Schüssel geben,

Alles zusammen zu einem homogenen Teig durchkneten. Nach Belieben Kerne, Nüsse, Kräuter etc. hinzufügen und unterkneten. Sollte der Teig zu klebrig sein, kann noch etwas Mehl hinzugefügt werden.
Den Teig in acht gleichgroße Kugeln formen und auf ein mit Backpapier ausgelegtes Backblech legen.
Im vorgeheizten Backofen für etwa 20 bis 25 Minuten goldbraun backen.

STÜCK
8

KCAL
260

PROTEIN
9

BALLASTSTOFFE
6

FETT
2

KOHLENHYDRATE
36

KÄSEKUCHEN MIT BEEREN

Zubereitung

Den Ofen auf 160°C Heißluft vorheizen und die Springform mit Backpapier auslegen.
Gegebenenfalls die Haferflocken in einem Mixer zu Mehl verarbeiten.
Das Hafermehl zusammen mit der Süße, dem Pflanzendrink und dem Rapsöl zu einem glatten Teig kneten.
Diesen in die Springform geben und glatt drücken, bis der Boden vollständig bedeckt ist. Die Enden etwa ein bis zwei Zentimeter an der Wand nach oben ziehen.
Für die Creme die Datteln zusammen mit dem Wasser zu einer homogenen Masse mixen. Diese mit dem Quark und dem Puddingpulver gut vermischen.
Die Creme auf dem Haferboden verteilen und glatt streichen.
Den Kuchen für ca. 35 bis 40 Minuten im Ofen backen.
Wenn er fertig gebacken ist, aus dem Ofen nehmen und abkühlen lassen.

Zutaten für den Teig

- 250 g Haferflocken oder Hafermehl
- 80 g Süße
- 100 ml Pflanzendrink
- 50 g Rapsöl

Zutaten für die Masse

- 500 g Quark
- 100 g Datteln mit 100 ml Wasser
- 40 g Puddingpulver Vanille (für gekochten Pudding)
- 1 Springform mit 24 cm Durchmesser

kleiner Tipp

Dieser Kuchen lässt sich prima variieren. Zur Weihnachtszeit kann ein Teil des Hafermehls mit zerbröselten Spekulatius ersetzt werden oder im Sommer mit geeisten Beeren verfeinert. Wer möchte, kann auch mit 150 g Beeren und etwas Gelatine oder Agar Agar einen Fruchtspiegel herstellen und nach dem Backen noch in der Backform auf dem Kuchen verteilen. Der Kuchen muss anschließend für mindestens drei Stunden im Kühlschrank kaltgestellt werden, bis der Spiegel fest ist.

STÜCK
12

KCAL
204

PROTEIN
5

BALLASTSTOFFE
2

FETT
6

KOHLENHYDRATE
19

HAFERRIEGEL

Zutaten

- 2 reife Bananen
- 160 g Haferflocken
- 300 ml Haferdrink
- 60 g Ahornsirup
- 50 g Nussmus
- 1 TL Vanilleextrakt
- 2 EL geschrotete Leinsamen
- 1 TL Backpulver
- etwas Salz
- etwas geraspelte Zartbitter Schokolade

Zubereitung

Den Ofen auf 180 Grad Celsius vorheizen.
Die Bananen vorsichtig in einer großen Schüssel zerdrücken. Nacheinander den Haferdrink, den Ahornsirup und das Nussmus zu den Bananen geben und miteinander vermengen.
Anschließend alle weiteren Zutaten, außer der Schokolade, nacheinander dazugeben und vorsichtig miteinander verrühren.
Die Masse in eine ofenfeste Form oder auf ein mit Backpapier ausgelegtes Backblech geben und ein bis zwei Zentimeter dick ausstreichen. Zum Schluss die Schokolade drüberstreuen und für etwa 30 bis 40 Minuten in den vorgeheizten Backofen geben.
Anschließend aus dem Ofen nehmen und nach dem Abkühlen in 9 gleichgroße Stücke teilen.

STÜCK
9

KCAL
222

PROTEIN
4

BALLASTSTOFFE
2

FETT
11

KOHLENHYDRATE
29

kleiner Tipp

Das ist wieder ein tolles Rezept zum Austoben. Nüsse, Samen und Saaten, weiße Schokolade oder Rosinen machen sich hier ganz wunderbar. Aber Vorsicht; die Riegel können schnell vom gesunden Snack zur totalen Kalorienbombe werden.

APFELMUFFINS

Zutaten

- 500 g Dinkelmehl
- 240 g weiche Butter
- 160 g Zucker
- 2 Päckchen Vanillezucker
- 4 Eier
- 2 Päckchen Backpulver
- 400 g Apfelmark
- etwas Salz
- 100 g Nüsse
- etwas Zimt

Zubereitung

Den Backofen auf 160° C Umluft vorheizen und 8 Muffinförmchen auf einem Backblech verteilen.

Das Mehl und das Backpulver sieben und mit dem Salz und dem Zimt vermischen. Die Nüsse zerkleinern.

Den Zucker zusammen mit dem Vanillezucker und der weichen Butter mit einem Handrührgeräte schaumig rühren. Die Eier und das Apfelmark nach und nach unterheben und die Mehlmischung vorsichtig unterrühren. Zum Schluss die Nüsse dazugeben.

Die Muffinförmchen zu zwei Drittel mit dem Teig befüllen und für etwa 15 Minuten auf mittlerer Schiene im Backofen backen.

kleiner Tipp

Wieder ein Rezept das schier endlos variiert werden kann. Mit Apfelstücken, Rosinen, Birnen oder, oder, oder. Einfach ausprobieren.

STÜCK
8

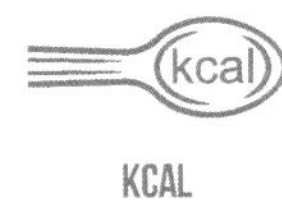

KCAL
477

PROTEIN
12

BALLASTSTOFFE
3

FETT
34

KOHLENHYDRATE
72

KARTOFFELKUCHEN

Zutaten

- 250 g mehlig kochende Kartoffeln (vom Vortag)
- 50 g Sultaninen
- 6 Eier
- 120 g Zucker
- etwas Salz
- den Abrieb einer unbehandelten Orange
- 2 El Orangensaft
- 150 g gemahlene Mandeln
- etwas Puderzucker
- 1 EL Mandelblättchen

Zubereitung

Die Kartoffeln einen Tag vor dem Backen bereits kochen und im Kühlschrank lagern.
Den Ofen auf 190° C vorheizen und eine Springform mit einem Durchmesser von 26 cm mit Backpapier auskleiden.
Die Orange unter heißem Wasser waschen, abtrocknen und mit einer feinen Reibe die äußerste Schicht abreiben. Den Abrieb zur Seite stellen. Die Orange halbieren und eine hälfte auspressen. Im Saft der Orange die Sultaninen einweichen lassen.

Die Kartoffeln mit einer feinen Reibe raspeln. Die Eier trennen und das Eiweiß steif schlagen. Das Eigelb zusammen mit dem Zucker und dem Salz schaumig schlagen. Die Sultaninen, den Orangenabrieb, die Mandeln und die Kartoffeln vorsichtig untermischen. Anschließend das steif geschlagene Eiweiß gleichmäßig unterheben.

Den Teig gleichmäßig in die Springform füllen, glattstreichen und für etwa 45 Minuten in den vorgeheizten Backofen geben. Den Kuchen im Backofen gegebenenfalls abdecken, damit er nicht zu dunkel wird.
Den Kuchen aus dem Ofen holen sobald er fertig ist, abkühlen lassen und zum Schluss mit den Mandeln und etwas Puderzucker bestäuben.

STÜCK
12

KCAL
174

PROTEIN
6

BALLASTSTOFFE
1

FETT
8

KOHLENHYDRATE
18

PRALINEN

Zubereitung

Die Süßkartoffeln schälen und in leicht gesalzenem Wasser weichkochen. Das Wasser abgießen und die Süßkartoffeln etwas abkühlen lassen.

Anschließend zusammen mit den anderen Zutaten in einem Mixer zu einem glatten Teig mixen und diesen für etwa eine Stunde in der Tiefkühltruhe ruhen lassen.

Anschließend den Teig zu insgesamt 14 kleine Kugeln rollen und in Kakaopulver wälzen.

Die Pralinen halten sich für ein paar Tage im Kühlschrank frisch.

Zutaten

- 200 g Süßkartoffeln
- 40 g Zartbitterschokolade
- 15 g Kakaopulver für den Teig
- etwas Kakaopulver um die Kugeln darin zu wälzen
- 20 g Ahornsirup
- 1 EL Kokosöl
- etwas Salz

kleiner Tipp

Die Pralinen lassen sich mit zahlreichen anderen Zutaten verfeinern. Klein zerdrückte Nüsse, Schokoraspeln oder Puderzucker sind nur drei von vielen weiteren Möglichkeiten.

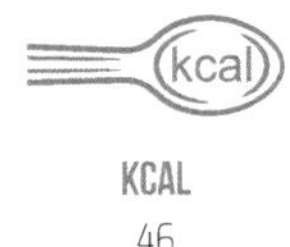

APFEL-QUARK AUFLAUF

Zubereitung

Den Backofen auf 180 °C Ober-Unterhitze vorheizen.
Die Äpfel und die Zitrone waschen und abtrocknen. Die Schale der Zitrone abreiben. Anschließend die Zitrone halbieren und auspressen. Die Äpfel in dünne Scheiben schneiden und mit etwas Zitronensaft beträufeln. Eine kleine Auflaufform mit Butter fetten.
Die Eier mit 70 g Zucker und dem Vanillezucker schaumig rühren. Den Magerquark, den Zitronenabrieb und das Salz einrühren. Das Backpulver mit dem Hafermehl (eventuell Haferflocken mit einem Stabmixer zu Mehl verarbeiten) vermengen und unter die Quarkmasse heben. Die Hälfte der Äpfel unterheben und alles in die Auflaufform geben.
Die übrigen Äpfel fächerförmig auf dem Auflauf verteilen und diesen für etwa 35-40 Minuten backen.
Den übrigen Zucker mit Zimt vermischen und ca. 5 Minuten vor Ende der Backzeit auf den Auflauf streuen und fertig backen.

Zutaten

- 3 Äpfel
- 1 Bio Zitrone
- 1 EL weiche Butter
- 3 Eier
- 80 g Zucker
- 1 Päckchen Bourbon Vanillezucker
- 500 g Magerquark
- etwas Salz
- 2 TL Backpulver
- 60 g Hafermehl
- 1 TL Zimt

kleiner Tipp

Statt der Äpfel passen auch Beeren oder Birnen sehr gut.

PORTIONEN
4

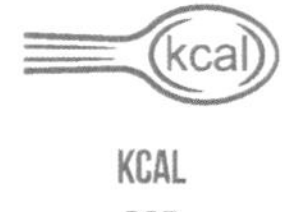

KCAL
387

PROTEIN
24

BALLASTSTOFFE
3

FETT
6

KOHLENHYDRATE
56

NÄHRWERTE IM ÜBERBLICK

LEBENSMITTEL	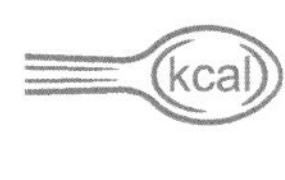 KCAL	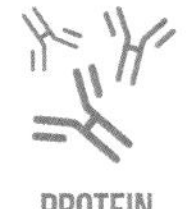 PROTEIN	 KOHLENHYDRATE	 FETT	 BALLASTSTOFFE
Artischocke	25	1	5	0	2
Aubergine	21	1	4	0	1
Avocado	164	2	4	15	3
Blumenkohl	16	2	2	0	2
Champignons	25	3	3	0	2
Chicoree	12	1	2	0	1
Erbsen	37	3	6	0	5
Feldsalat	16	2	2	0	2
Fenchel	24	2	3	0	4
Gurken	4	0	1	0	1
Kohlrabi	21	2	3	0	2
Kopfsalat	8	1	1	0	2
Kürbis	21	1	4	0	2
Lauch	25	2	4	0	2

 LEBENSMITTEL	 KCAL	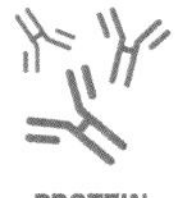 PROTEIN	 KOHLENHYDRATE	 FETT	 BALLASTSTOFFE
Maiskörner	74	2	16	0	2
Mangold	8	2	0	0	2
Möhren	29	1	6	0	3
Paprika	21	1	4	0	2
Pfifferlinge	12	1	2	0	2
Radieschen	12	1	2	0	1
Rosenkohl	50	4	6	1	4
Rote Bete	29	1	6	0	2
Spargel	12	1	2	0	2
Spinat	12	2	1	0	2
Tomaten	16	1	3	0	2
Zucchini	16	2	2	0	1

 LEBENSMITTEL	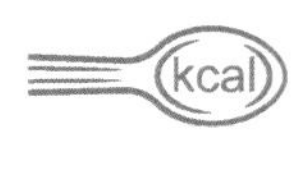 KCAL	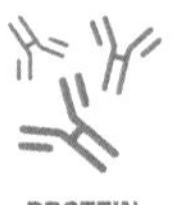 PROTEIN	 KOHLENHYDRATE	 FETT	 BALLASTSTOFFE
Ananas	29	0	7	0	2
Apfel	49	0	12	0	2
Aprikose	49	1	11	0	2
Banane	70	1	16	0	2
Birne	57	1	13	0	3
Brombeeren	41	1	9	0	3
Clementine	37	1	8	0	2
Erdbeeren	33	1	7	0	2
Granatapfel	37	0	9	0	2
Grapefruit	33	1	7	0	1
Heidelbeeren	57	1	13	0	5
Himbeeren	37	1	8	0	5
Honigmelone	25	1	5	0	1
Kaki	74	1	17	0	3
Kiwi	53	1	12	0	2
Mango	49	1	11	0	2

 LEBENSMITTEL	 KCAL	 PROTEIN	 KOHLENHYDRATE	 FETT	 BALLASTSTOFFE
Orange	41	1	9	0	2
Pfirsich	45	1	10	0	1
Wassermelone	12	0	3	0	0
Weintrauben	70	1	16	0	2
Zitrone	25	1	5	0	0
Cashewkerne	587	18	30	42	3
Haselnüsse	687	14	13	62	7
Kokosnuss	402	4	10	37	9
Leinsamen	439	26	13	30	38
Mandeln	642	18	16	54	10
Maronen	194	3	42	1	1
Paranüsse	709	14	7	67	7
Pistazien	619	21	12	52	7
Sesamkerne	551	21	0	50	12
Sonnenblumenkerne	599	27	8	49	6
Walnüsse	705	15	14	63	5

 LEBENSMITTEL	 KCAL	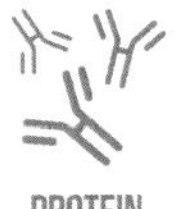 PROTEIN	 KOHLENHYDRATE	 FETT	 BALLASTSTOFFE
Amaranth	383	16	57	9	0
Buchweizen	351	10	71	2	4
Gerste	302	11	58	2	10
Hafer	369	13	61	7	6
Hirse	328	11	60	4	4
Vollkornreis	355	7	75	2	4
Roggen	277	9	54	2	13
Speisestärke	357	0	87	0	0
Weizen	314	12	60	2	11
Forelle	50	10	0	1	0
Garnele	87	19	0	1	0
Kabeljau	70	17	0	0	0
Karpfen	69	10	0	3	0
Lachs	137	13	0	9	0
Seelachs	83	18	0	1	0
Seezunge	59	12	0	1	0

 LEBENSMITTEL	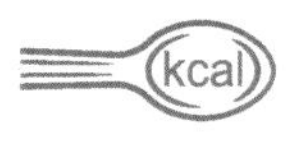 KCAL	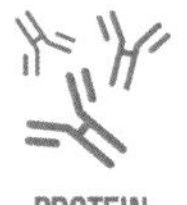 PROTEIN	 KOHLENHYDRATE	 FETT	 BALLASTSTOFFE
Ente	192	15	0	14	0
Hähnchenbrust	75	16	0	1	0
Pute	122	23	0	3	0
Camembert 30% i.Tr.	219	23	1	13	0
Edamer 30% i.Tr.	250	25	2	15	0
Feta	265	14	4	21	0
Gouda 45% i.Tr.	358	24	2	27	0
Parmesan	430	37	2	29	0

ÜBER DIE AUTORIN

Maryvonne Lazaridis ist lizenzierte Ernährungsberaterin, mit der Kompetenz für holistische Gesundheit und zertifizierte Pilatestrainerin.

Ursprünglich kommt sie aus der Welt der Mediengestaltung in der sie Flyer, Kataloge und Co. designte. Ihre eigene Autoimmunerkrankung brachte sie dazu, sich intensiv mit dem Thema Ernährung und ihren Einfluss auf unsere Gesundheit auseinanderzusetzen.
Das Thema hat sie so fasziniert, dass sie sich zur Ernährungsberaterin ausbilden ließ und sich ihren Traum als Pilatestrainerin erfüllte.
Heute betreut und berät sie Menschen in ihrem eigenen Ernährungs- und Pilatesraum und sieht die Ernährung als ebenso individuell an, wie jeden einzelnen Menschen. Bei ihr gibt es kein "one size fits all". Ihre Konzepte sind exklusiv auf jeden ihrer KundInnen angepasst

Maryvonne arbeitet und lebt zusammen mit ihrer Familie in der wunderschönen Voreifel.